Bibliografische Information der Deutschen Nationalbibliothek: Die Deutsche Nationalbibliothek ver-
zeichnet diese Publikation in der Deutschen Natio-
nalbibliografie; detaillierte Daten sind im Internet
unter http: // dnb.dnb.de abrufbar.

Illustrationen: Sina Beyer
www.sinas-hobby-atelier.de

Lektorat: Martina Weiss

Herstellung und Verlag:
BoD - Books on Demand, Norderstedt
ISBN lautet 9783734780394

Handlungen, Personen und Ort dieser Geschichte sind frei erfunden und jede Ähnlichkeit zu lebenden oder toten Personen ist reiner Zufall.

Das Buch

Marie lebt in dem kleinen Ort Chamarande, in der Nähe von Paris. Als ihre Mutter Josèphe stirbt, erbt sie das Haus, in dem schon ihre Großmutter Elaine lebte. Mit ihrem Freund Josè wollte sie es renovieren, die Rosenzucht fortführen, Kinder bekommen und darin alt werden.

Aber das Leben sah anderes für sie vor. Von einen Tag auf den anderen verließ Josè Marie und zurück bleibt nur ein Haus, das dem Verfall geweiht ist und ein ungepflegter Rosengarten, mit dem sie so gar nichts anzufangen weiß. In Ihrer Not vertraut sie sich ihrer Nachbarin an. Wie eng ihr Schicksal miteinander verknüpft ist, ahnt sie nicht.

Denn Marguerite hat sie bereits erwartet.

Sie überreicht ihr eine Schachtel, in der sich die Lösung für alle ihre Probleme befinden soll. Als sie diese öffnet und die Gegenstände darin erblickt, weicht die anfängliche Skepsis bald blankem Entsetzen. Denn in der mysteriösen Schachtel befindet sich ein wohlgehütetes Familiengeheimnis, das Marie die Türen in eine völlig fremde Welt öffnet.

Doch diese neue Welt birgt auch Gefahren, deren Marie sich anfangs nicht bewusst ist. Einmal in dem Sog gefangen, kann sie sich aber bald nicht mehr gegen das Verlangen wehren.

Hilger Stephanie

Das Geheimnis der Rose

Le Secret de la Rose

Roman

Wenn ich den Raum betrete,

betritt ihn nur mein Körper.

Meine Seele ruht an einem anderen Ort.

Während ich dir ganz nahe bin,

könnte ich entfernter nicht sein.

Wenn ich gehe, lasse ich nichts zurück,

es zählt nur der Augenblick der Vergangenheit.

Wenn ich fort bin, bleibt nur die Erinnerung,

und der Duft der Rose.

Lasst euch entführen auf eine Reise nach Paris.
Auf eine Reise, in eine fremde Welt.

Si j'entre dans l'espace, seulement mon corps y
entre.

Mon âme repose à un autre lieu.

Pendant que je suis à toi tout près,

je ne pourrais pas être plus éloigné.

Si je vais, je ne laisse rien,

seulement le moment du passé le compte.

Si je suis loin, seulement le souvenir,

et l'odeur agréable de la rose restent.

Klamme Kälte schlug Marie entgegen, als sie die Haustür öffnete. Für einen Oktobermorgen ungewöhnlich. Sie fror, eine Gänsehaut überzog ihren Körper. Einen Moment verharrte sie auf den Stufen und zog die dünne Baumwollweste noch enger um sich.

Langsam ließ sie den Blick über den Garten wandern, in dem noch immer die Rosen blühten. Nur vereinzelt lagen Blätter auf dem Boden. Später, so nahm sie sich fest vor, würde sie die Rosenblätter aufsammeln und die Stauden stutzen.

Oma Elaines Passion war nach Opas Tod einzig und allein die Gartenpflege gewesen, so hatte es zumindest den Anschein erweckt. Marie konnte ihre Leidenschaft verstehen, jedoch teilte sie diese nicht annähernd. Allein die Tatsache, dass sie und ihre Mutter nach der berühmten Rosenzüchterin Marie Josèphe Rose Taser de la Pageri benannt waren, hielt sie für übertrieben. Ein Name mit französischer Tradition wäre eher nach ihrem

Geschmack gewesen. Dennoch hatte sie sich mittlerweile damit arrangiert, was blieb ihr auch anderes übrig.

So fügte sie sich der Tradition und führte die Rosenzucht fort.

Sie ärgerte sich, dass sie nicht schon längst die Triebe gekürzt hatte. Die Tage vorher waren weitaus milder und besser dafür geeignet gewesen als dieses ungemütliche Herbstwetter. Zudem hatte Marie in den letzten Wochen an nichts Interesse gehabt, weshalb der Wetterumschwung für sie nun umso überraschender kam.

Der Herbst bereitete ihr Angst. Aber nun war er da und mit ihm war auch der Nebel gekommen. Wie ein Schleier legte er sich über die Wiesen. Manche fanden dieses Naturereignis faszinierend, doch für Marie war es einfach nur bedrohlich.

Sie stieß einen Seufzer aus und ging die Stufen hinunter. Bald würde der Frost sie mit gefährlicher Glätte überziehen. Auch vor dem Winter graute ihr.

Zögerlich ging sie den schmalen Weg zum Briefkasten am Zaun. Allmorgendlich waren es dieselben Schritte und stets machte sich ein ungutes Gefühl in ihr breit, je näher sie ihm kam. »Bitte lass es keine weitere Rechnung sein.«

Flehend richtete sie den Blick zum Himmel und hoffte inständig, dass ihre Bitte dort oben Gehör fand.

Während sie sich dem Zaun näherte, überkamen sie aber sofort wieder Zweifel. »Lächerlich!« Wütend kickte sie einen Stein mit ihrem Fuß weg. »Er wird mir ja wohl kaum ein Säckchen mit Geld herunterwerfen.«

Die Steine knirschten unter ihren Füßen und erinnerten sie daran, in welch marodem Zustand sich der Weg befand. In demselben war auch das Haus, das sie vor zwei Jahren geerbt hatte und in dem sie mit José hatte alt werden wollen. Beim Gedanken an ihn fröstelte es sie noch mehr und sie verschränkte die Arme vor der Brust zum Schutz vor der Kälte.

Er hatte es nach und nach renovieren und zu einem kleinen Schmuckstück umbauen wollen. Von dem schmucken Heim war aber an dem Tag, als er sie Hals über Kopf verließ, nichts zu sehen gewesen. Zurückgelassen hatte er ihr eine einzige Baustelle, die zwar bewohnbar, aber nicht gemütlich war. Trotzdem weigerte sie sich beharrlich, dieses Haus zu verkaufen. Es steckten so viele Erinnerungen darin, die für sie einen größeren Stellenwert als alles Geld der Welt besaßen.

Ihre Mutter hätte nicht gewollt, dass sie es nun verscherbelte. Genauso wenig wie ihre Oma und die Generation davor.

Schon als kleines Kind wünschte sie sich, einmal hier mit ihren eigenen Kindern zu wohnen, um die Tradition fortzuführen. Tradition, so wurde ihr beigebracht, war von großer Bedeutung in ihrer Generation. Nur so konnte auch in der Zukunft ein Teil der Vergangenheit weiter bestehen.

Und auch wenn José das Weite gesucht hatte, dachte sie nicht daran, deswegen ihre Pläne aufzugeben. Aus diesem Funken Zuversicht schöpfte sie neuen Mut. Widerwillig, aber was blieb ihr anderes übrig, griff sie in den Briefkasten nach den Umschlägen und Prospekten, die sie auf dem Rückweg wie immer sofort entsorgen würde. Es gab Dinge im Leben, die waren einfach überflüssig – Werbeblätter zum Beispiel. Zumindest war Marie dieser Meinung. Doch nicht alle überflüssigen Sachen ließen sich so einfach entsorgen wie dieses bunt bedruckte Papier.

Da war zum einen der Schmerz, den sie täglich empfand. Oder die Wut, die sie überkam, wenn sie an José dachte. Schon allein der Klang seines Namens ließ ihr einen Seufzer entgleiten. Aus ihrer Sicht gab es keinen Grund für die plötzliche Trennung. Bis zu diesem Tag war sie sogar der Ansicht, dass sie eine glückliche Beziehung führten. Etwas altmodisch in manchen Dingen, aber Marie genoss die Routine, die eine feste, langjährige Bindung mit sich brachte. Doch er empfand es wohl anders.

Als sie sich umdrehte, um den Rückweg anzutreten, verharrte sie nach wenigen Schritten erneut und ihr Blick verweilte auf dem alten Haus.

Der Putz bröckelte an allen erdenklichen Stellen. Auch die verrosteten Fenstergitter hatten dringend einen neuen Anstrich nötig und die Farbe der Holzfassade war stark ausgeblichen. Früher hatte sie einmal in einem satten Apricot gestrahlt, jetzt aber erinnerte die Farbe an die Schale einer verfaulten Orange.

Ihr Blick glitt weiter zu dem kleinen Garten, der sich direkt an das alte Haus anschloss. Im Sommer nach Josèphes Tod hatten José und sie angefangen, ihn von Unkraut zu befreien und sämtliche Rosenstauden zu schneiden.

Ihre Mutter hatte Rosen geliebt. Und sie hatte ihre Mutter geliebt. Sie war eine wunderschöne Frau gewesen, liebevoll und warmherzig. Doch sie hatte auch etwas Geheimnisvolles an sich gehabt. Die Aura, die sie umgab, verzauberte Marie schon als kleines Kind.

Als Marie zur jungen Dame herangewachsen war und ihr Interesse plötzlich nicht mehr nur ihren Puppen galt, hatte sie gemerkt, welche Anziehung Josèphe auf die Männerwelt ausübte. Mit den pechschwarzen Haaren, die ihr leicht gelockt bis über die Schultern reichten, war sie eine richtige Augenweide gewesen. Sogar mit über vierzig war ihre Haut noch samtweich gewesen, und die Falten, die sich langsam mehrten, hatten ihr einen interessanten Ausdruck verliehen.

Ja, gelebt hatte sie wirklich. Auch wenn Maries Mutter um Vieles ein Geheimnis machte, beteuerte sie immer, glücklich zu sein.

Bei dem Gedanken an die schönen gemeinsamen Momente löste sich eine Träne und rollte über Maries Wange. Der kalte Wind, der ihr ins Gesicht blies, trocknete sie aber sogleich wieder und von einer Sekunde auf die nächste war das einzig sichtbare Zeichen ihrer Trauer verschwunden.

Die Arme noch immer verschränkt, die Briefe fest in der Hand, entdeckte Marie plötzlich ihre Nachbarin, die sich ihrem Tor näherte. Nach Mutters Tod hatten sie sich manchmal gegrüßt, doch Marie hatte nicht die Kraft gehabt, ihr mehr Beachtung zu schenken. Sie merkte, dass der älteren Frau das Gehen schwerfiel, deshalb ging Marie ihr die wenigen Meter, die sie noch trennten, entgegen.

»Guten Morgen, Marguerite.« Ihre Stimme war um Fröhlichkeit bemüht, was ihr aber nicht so recht gelingen wollte.

»Guten Morgen, Marie.« Kaum hatte die Nachbarin die Worte ausgesprochen, hielt sie sich mit einer Hand am Zaun fest, mit der anderen umklammerte sie ihren Gehstock.

Marguerite war die beste Freundin ihrer Großmutter gewesen und nach deren Tod eine wichtige Stütze in Mutters und damit auch in ihrem Leben. Trotzdem oder gerade deswegen hatte Marie die letzten Wochen einen großen Bogen um sie gemacht. Zu einfach wäre sie zu durchschauen gewesen und damit hätte sie sich ihren Ängsten stellen müssen. Sie löste ihre verkrampfte Haltung und berührte mit einer Hand die der alten Dame. Dabei huschte ein aufmunterndes Lächeln über deren Gesicht. »Es geht vorbei, alles geht irgendwann vorbei.«

17

Traurig senkte Marie den Kopf. So recht Marguerite auch hatte, so nachdenklich machte sie die Bedeutung ihrer Worte.

»Ich will aber nicht, dass es Vergangenheit ist.« Trotz lag in ihrer Stimme und die Wut überkam sie erneut.

»Es ist doch aussichtslos.« Mit dem Kinn zeigte Marie Richtung Haus.

»Ohne José schaffe ich es einfach nicht, die laufenden Rechnungen zu bezahlen, geschweige denn, das Haus zu renovieren.«

Marie war überrascht, wie leicht es ihr fiel, ihren Gefühlen Ausdruck zu verleihen.

»Aber mein Kind, du wirst es doch nicht …«, das letzte Wort wagte die ältere Frau offenbar nicht auszusprechen, aber ihr entsetzter Blick sprach Bände.

»Von wollen kann keine Rede sein, aber was wird mir denn anderes übrig bleiben?«, verteidigte Marie sich.

»Keine Ahnung, wie meine Mutter das all die Jahre allein geschafft hat. Ich wünschte, ich wäre nur ein einziges Mal so stark wie sie.«

Marguerite tätschelte ihre Hand, die noch immer auf dem Gartenzaun ruhte. »Du frierst ja, Kind.«

Tatsächlich zitterte Marie am ganzen Körper. Und obwohl sich ihr Körper nach der Wärme im Haus sehnte, bevorzugte sie in dem Moment die Herzenswärme, die von ihrer Nachbarin ausging. Marguerite schien ihre Gedanken zu erraten, denn sie beugte sich leicht vor und flüsterte ihr ins Ohr:

»Meine Türen stehen immer offen für dich. Und bei all dem Schmerz, der dir widerfährt, vergiss bitte nicht, dass es für alles eine Lösung gibt. Für wirklich alles.«

Dann drückte sie ihr die Hand und trat langsam den Rückweg an. Eine Weile schaute Marie ihr nach, dann überwog die Kälte und sie ging zurück ins Haus.

Die Begegnung mit der alten Frau hinterließ Spuren und einen Hauch von Unbehagen bei Marie, das sie nicht einfach abschütteln konnte. Selbst als sie sich bereits einige Zeit im warmen Haus befand, durchzog sie ein Frösteln bei dem Gedanken an die Worte, die Marguerite anscheinend mit viel Bedacht wählte.

Die Briefe, die sie zuerst gedankenverloren beiseitegelegt hatte, erregten nun aber wieder ihre Aufmerksamkeit. Zögernd griff sie danach und ließ sich auf dem Stuhl am Küchentisch nieder. Der morgendliche Kaffee war bereits kalt. Trotzdem sog sie ihn gierig in sich auf, als würde das Koffein die Nachrichten der Briefe verdaulicher machen.

Ein Glas des edlen Lilet Rosè, den Mutter im Keller gelagert hatte, wäre wirkungsvoller, dachte sie. Marie war wirklich drauf und dran, sich einen

Schluck zu genehmigen, zog es dann aber doch vor, die Sache nüchtern zu betrachten.

Sorgfältig begann sie schließlich, die Briefe zu öffnen. Die Umschläge legte sie zur Seite. Den Buchstaben schenkte sie keinerlei Aufmerksamkeit, vielmehr waren es die Zahlen, die ihr großes Unbehagen bereiteten.

Schon seit Wochen erhielt sie Mahnungen über Mahnungen und sie wusste, obwohl sie die Fristdaten nicht genau im Kopf hatte, dass es nun kurz vor Schluss war. Resignierend lehnte sie sich zurück. Mit den Händen bearbeitete sie nervös das Papier und dachte angestrengt nach. Doch sie wusste nicht, mit welchen Mitteln sie die ausstehenden Rechnungen begleichen sollte.

Nach Josèphes Tod kümmerte sich Josè um den Papierkram. Er verdiente gut als Leiter einer Bankfiliale. Sie musste sich in dieser Zeit keine Gedanken darüber machen, wie hoch der finanzielle Aufwand war, um dieses kleine Erbstück in Schuss zu halten. Erst die letzten Wochen begriff sie das ganze Ausmaß, das die Trennung mit sich brachte.

Sie nahm die Briefe, stand auf und legte sie zu den anderen in die alte Schublade. Beim Schließen wackelte diese verdächtig.

»Was habe ich mir nur dabei gedacht, das Erbe anzunehmen? Vielleicht war es doch falsch«. Nachdenklich stammelte sie die Worte vor sich hin und starrte dabei durch das Fenster, von dem aus man einen wunderbaren Blick auf das Grundstück hatte.

Es war alles so einfach gewesen, als sie noch ein kleines Mädchen war. Marie hatte es geliebt, im Garten zu toben und zu schaukeln. Jetzt erinnerten nur noch zwei verrostete Eisenvorrichtungen an die Stelle, an der einmal die massive, selbst gezimmerte Schaukel stand.

Der Garten war bis auf die Rosen karg und ohne Leben. Dieser Anblick und die Trostlosigkeit, die er ausstrahlte, versetzten ihr erneut Stiche ins Herz.

»Es wird schon werden«, den gleichen Satz hatte ihre Mutter immer vor sich hingemurmelt, wenn etwas nicht so gelaufen war, wie sie es sich vorgestellt hatte. Jetzt sprach ihn Marie laut aus, um sich damit selbst Mut zu machen. Und auch wenn sie die Probleme stets vor ihr zu verbergen versuchte, schaffte sie es damit immer, eine beruhigende Atmosphäre zu erzeugen.

Nun da sie selbst die Lasten tragen musste, die ihre Mutter all die Jahre bewältigte, begriff sie erst, welch eine starke Frau sie war. Kaum vorstellbar, wie Josèphe es finanziell, körperlich und auch seelisch geschafft hatte, das Haus, ihren Beruf als Floristin und Marie, ihre einzige Tochter, unter einen Hut zu bringen. »Sie wurde meinen Wünschen und Bedürfnissen immer gerecht«, stellte Marie bewundernd fest. Kein einziges Mal hatte sich ihre Mutter in ihrer Gegenwart beschwert oder gar gejammert. Im Gegenteil, sie war immer fröhlich gewesen und sprühte nur so vor Energie.

»Du fehlst mir«, voller Wehmut dachte Marie an die Zeit mit ihr zurück.

Sie konnte sich noch gut an einen Sonntagmorgen erinnern. Dieser Morgen war ihr deshalb so sehr in Erinnerung geblieben, weil sie Josèphe an diesem Sonntag nicht in ihrem Bett vorgefunden hatte. Es war zu einem Ritual geworden, dass sie ihre Mutter immer sonntags weckte, um anschließend gemeinsam zu frühstücken. Doch das Himmelbett mit den unzähligen weißen und roséfarbenen Kissen fand sie an diesem Tag unberührt vor.

Verwundert ging sie die knarzende Treppe hinunter und füllte an derselben Stelle, wo sie jetzt gerade stand, das Kaffeepulver in die Maschine. Durch das Fenster konnte sie sehen, wie ein Auto direkt vor der Einfahrt hielt. Ein sehr gepflegter und gut aussehender Mann öffnete die Fahrertür. Damals war sie gerade einmal siebzehn Jahre alt, doch bei seinem Anblick war ihr trotz der morgendlichen Kühle in der Küche warm geworden. Seine Haare waren schulterlang, das Gesicht hatte sie wegen des schwarzen Hutes, den er trug, nur bis zum Mund erkennen können. Das ließ seine Erscheinung aber nicht weniger interessant wirken.

Er trug einen gepflegten Vollbart, der fast so dunkel wie seine Kopfbedeckung war, und seine Beine steckten in einer maßgeschneiderten Jeans, die einen interessanten Kontrast zum edlen Hemd und Sakko bildeten. Mit selbstbewusstem Gang ging er ums Auto herum und öffnete die Beifahrertür.

Eine Hand griff nach seiner und Marie sah, wie ihre Mutter ausstieg. Sie trug ein Kleid in sündigem Rot, das ihre makellose Figur perfekt umschmeichelte. Und auch wenn Josèphes Haare hochgesteckt waren, erkannte ihre Tochter, wie zerzaust sie waren.

Vergeblich versuchte Marie, die wenigen Worte, die sie noch miteinander sprachen, von ihren Lippen abzulesen, doch aufgrund der Entfernung war das unmöglich. Dann drehte sich ihre Mutter um und war, ohne dem Herrn einen Abschiedskuss zu geben und ohne noch einmal einen Blick zurück zu werfen, in Richtung Haus gegangen. Marie hörte wenige Sekunden darauf, wie der Schlüssel im Türschloss umgedreht wurde.

Doch statt ihrer Mutter entgegenzugehen, betrachtete sie wie angewurzelt den fremden Mann, der noch immer in die Richtung blickte, in die ihre Mutter verschwand. Marie war sich sicher, an seinem Blick abzulesen, dass er hoffte, Josèphe würde sich noch einmal zu ihm umdrehen. Als er merkte, dass sein Warten vergebens war, stieg er in das Auto und ließ den Motor aufheulen.

Im selben Moment betrat ihre Mutter die Küche und damit war ihre Aufmerksamkeit auf sie gerichtet.

Sie war schwer zu durchschauen und gab wenig von ihrem Seelenleben preis. Auf ihre Fragen zu den Männern oder wo sie die Nacht verbracht hatte, reagierte sie erst gar nicht, daher hatte Marie es irgendwann aufgegeben.

Doch an diesem Morgen brannte ihr die Frage auf den Lippen. Als ihre Mutter sich neben sie gestellt hatte und einen Schluck von ihrem Kaffee trank, konnte sie sich nicht mehr zurückhalten.

»Bist du in diesen Mann verliebt?« erwartungsvoll blickte sie Josèphe an. Eine neue Liebe wünschte sie ihr von Herzen. Denn auch wenn Josèphe nie zugab, dass sie nach Vaters Verschwinden traurig war, glaubte Marie doch zu merken, dass es im Leben ihrer Mutter einsame Momente gab, in denen sie sich nach einem Freund sehnte. Josèphe hatte zwar sie, ihre Tochter, aber das war kein Ersatz für einen Partner.

Marie sah mittlerweile ein, dass es nichts brachte, auf ihre Mutter einzureden, doch an diesem Morgen schien ihre Mutter anders gestimmt zu sein als sonst. Marie spürte, wie etwas in ihrer Mutter arbeitete und die Hoffnung stieg, dieses Mal eine Antwort zu bekommen.

»Die Liebe zu einem Mann ist nicht für die Ewigkeit, deshalb investiere ich keine Zeit und keine Gefühle in eine Beziehung. Du bist meine einzige Lebensliebe«. Zärtlich drückte sie ihr einen Kuss auf die Stirn, ehe sie in Richtung Bad verschwand.

Nachdenklich blieb Marie zurück und atmete den Geruch ihres Parfüms ein, der sich in ihrer

Nase verfangen hatte. Es roch nach Rosen, nach Tannen und nach einem Hauch von Zitrone. Das Lieblingsparfüm ihrer Mutter, das sie aber nur trug, wenn sie zu einer Verabredung ging. »Rosen wegen ihrer Zartheit, Tannen wegen ihrer Beständigkeit und Zitrone deshalb, weil sie einen sauren Nachgeschmack hinterlässt, von dem man aber trotzdem immer wieder den Reiz verspürt, davon zu kosten.« Letzteres verstand Marie nicht, trotzdem liebte sie es, wenn Josèphe den Duft trug.

Als sie jetzt so intensiv an sie dachte, glaubte sie tatsächlich, den Duft riechen zu können. Sie vermisste ihn, aber im ganzen Haus fand sich keine Flasche davon und auch sonst konnte sie nicht ausfindig machen, wo ihre Mutter ihn immer gekauft hatte. Es gab hier in Chamarande nur eine Drogerie. Es war dieselbe, in der Marguerite noch bis vor wenigen Monaten arbeitete. Doch selbst als sie dort nachfragte, konnte man ihr nicht weiterhelfen.

Von Sehnsucht überwältigt, presste sie die Augenlider zusammen und hoffte inständig, dass das alles nur ein böser Traum war und ihre Mutter tatsächlich dort draußen am Eingangstor stand, wenn sie die Augen wieder öffnen würde.

Doch ihr bot sich lediglich der Anblick auf den leeren, verwilderten Weg, über den noch immer ein Nebelschleier lag. In diesem Moment wurde ihr wieder bewusst, wie einsam sie doch war und in welch aussichtsloser Situation sie sich gerade befand.

Gedankenverloren wanderte ihr Blick durch den Raum und blieb an der Uhr, die über der Kommode hing, hängen. Der Zeiger verriet, dass es gerade einmal zehn Uhr war. Sie wollte nicht wieder den ganzen Tag, so wie die letzten Wochen, allein zu Hause verbringen, deshalb beschloss sie, das Angebot von Marguerite anzunehmen und sie auf einen Plausch zu besuchen. Es würde ihr bestimmt guttun, über alte Zeiten zu reden und sie hoffte, dadurch einen anderen Blickwinkel auf die Dinge zu bekommen. Vielleicht würde es die Dinge in ein anderes Licht rücken. Sie gab die Hoffnung noch nicht auf, doch noch eine Lösung für all ihre Probleme zu finden.

Es schien fast so, als habe Marguerite sie schon erwartet. Mit offenen Armen empfing sie Marie und schob sie in ihr kleines, aber gemütliches Wohnzimmer.

Marguerite deutete auf den einzigen Sessel im Raum, der gegenüber der Couch stand. Sie wollte mit ihrer Geste wohl ausdrücken, dass Marie sich dort niederlassen solle. Gerne nahm diese das Angebot an, setzte sich und betrachtete den Raum, während die alte Dame in der Küche verschwand, um Tee und Gebäck zu holen.

Die ersten Dinge, die ihr ins Auge stachen, waren die Couch, die von einer roten, mit orangefarbenen Mustern versehenen Decke überzogen war, und die alten Möbel, die sich harmonisch in das Gesamtbild einfügten. Es war schon sehr lange her, seit Marie ihre Nachbarin in deren Haus besuchte. An einzelne Gegenstände konnte sie sich aber trotzdem noch gut erinnern. Anderes wiederum war ihr völlig fremd, so zum Beispiel die vielen kleinen Flaschen, die auf der Kommode akkurat nebeneinanderstanden. Jede Einzelne von ihnen enthielt eine nicht definierbare Substanz. Das Einzige, was Marie daran auffiel, war die Farbe, die bei jedem Glas intensiver wurde. Betrachtete man die Flaschen einzeln, konnte man keinen Unterschied der Farbnuancen erkennen. Erst durch die Anordnung wurde die Änderung sichtbar. Die Farbe im letzten Glas glich einem pastelligen Rosa.

Wie der Wein im Keller kam es Marie in den Sinn.

Doch ehe sie stärker darüber nachdachte, welche Flüssigkeit sich in den Flaschen wohl befinden möge, erregte ein Bild, das neben den Gläsern stand, ihre Aufmerksamkeit. Das Mädchen darauf war sie selbst, auf dem Schoß ihrer Mutter Josèphe sitzend, als sie noch ganz klein war. Elaine stand daneben und blickte lächelnd in die Kamera. Es gab nicht viele Bilder von ihrer Oma und nur ganz wenige, auf denen sie alle drei zusammen abgebildet waren.

Dieses Bild wurde im Frühling aufgenommen, als die Rosen ihre Knospen zu Blüten öffneten. Auch wenn es schwarz-weiß war, kam es Marie in diesem Moment so vor, als würde es vor Farben nur so strahlen. Sie schloss die Augen und roch in Gedanken den Duft der Rosen, der zu dieser Jahreszeit bei ihrer Familie immer allgegenwärtig war.

Die ersten Blüten waren die reinsten, so hatte ihre Großmutter ihr erklärt. Nur sie waren gut genug, um veredelt zu werden. Sie schüttelte bei dem Gedanken an diese Worte den Kopf und ihre Lippen zuckten. Mit den Körben der gesammelten Blüten verschwand ihre Oma immer zu Marguerite, ohne ein Wort darüber zu verlieren, was weiter mit ihnen geschah. Ihre Mutter hatte ebenfalls die Blüten gesammelt, legte sie dann aber zum Trocknen auf die Fensterbank. Marie half ihr oft dabei. An diesen Tagen war immer dieser unverwechselbare Duft durch das ganze Haus geströmt. Noch einmal atmete sie tief ein und öffnete dann langsam wieder die Augen.

Sie stand auf und ging zu dem Bild, um den Rahmen vorsichtig mit beiden Händen von der Kommode zu nehmen. Sie vermisste beide schrecklich, ohne sie fühlte Marie sich einfach nicht mehr vollständig. Dieses Gefühl erdrückte sie geradezu und nahm ihr die Luft zum Atmen.

Sie bereute die Phase, die sie als Teenager hatte, in der ihr ihre Mutter mit ihren Ratschlägen gehörig auf die Nerven ging. Je älter sie wurde und ihr eigenes Leben lebte, umso weniger hatte sie es für nötig gehalten, irgendjemand, weder ihre Mutter noch ihre Nachbarin, daran teilhaben zu lassen. Marguerite schien es akzeptiert zu haben, denn sie verlor nie ein Wort darüber. Nur ihre Mutter bat sie mehrmals darum, ihrer Nachbarin wieder einmal einen Besuch abzustatten. Und obwohl mittlerweile über vier Jahre vergangen waren, seit sie gemeinsam an einem Tisch saßen, fühlte es sich noch immer sehr vertraut an. Sie verspürte

Dankbarkeit, dass Marguerite ihr das Verhalten nicht übel nahm und sie, als sie vor wenigen Monaten in ihre Heimat zurückkehrte, mit offenen Armen empfing.

Vorsichtig stellte sie den Rahmen wieder zurück an seinen Platz und ließ sich wieder in den Sessel fallen.

»Marguerite ist nun der einzige Mensch, den ich noch habe«, stellte Marie traurig fest.

Doch ehe sie wieder in Selbstmitleid versinken konnte, erschien Marguerite mit einem Tablett, auf dem zwei dampfende Tassen und eine Schüssel mit herrlich duftenden Baiserplätzchen standen. Schnell griff Marie danach, um ihr behilflich zu sein und gemeinsam stellten sie das Tablett vorsichtig auf dem Tisch ab.

Während Marie ihr die Tasse reichte, ließ sich Marguerite auf der Couch nieder, die unter ihrem Gewicht seufzte. Erwartungsvoll blickte sie ihre Besucherin an. Ihre Augen strahlten, was darauf schließen ließ, wie viel es ihr bedeutete, dass Marie heute den Weg zu ihr gefunden hatte. Aufmunternd nickte sie und Marie war nun endlich bereit, sich ihre ganzen Sorgen von der Seele zu reden.

»Mir wächst alles über den Kopf«, kaum waren die ersten Worte ausgesprochen, sprudelte es nur so aus ihr heraus.

»Finanziell ist es ein Desaster, ganz zu schweigen von meinem Privatleben. Josè macht sich aus dem

Staub und das obwohl ich noch nicht einmal ansatzweise damit klar komme, das man mir von einen Tag auf den anderen meine liebe Mutter genommen
hat. «

Ihr Gefühlsausbruch schien die alte Dame kaltzulassen, es schien fast so, als habe sie damit gerechnet oder darauf gewartet. In keiner Weise wirkte sie beunruhigt oder gar in Sorge. Stattdessen stand ihr die Gelassenheit ins Gesicht geschrieben.

»Erzähl weiter«, forderte sie Marie mit ruhiger Stimme auf.

»Josè war meine große Liebe. Genau der Typ Mann, den ich immer gewollt hatte. Als ich ihm kurz nach meinem zwanzigsten Geburtstag auf der *Foire du Trône* begegnet bin, war für mich sofort klar, dass ich nur ihn wollte. Mutter war davon nicht begeistert gewesen, hat aber nie ein Wort darüber verloren, aus welchen Gründen sie Abneigung gegenüber diesem jungen Mann empfand. Vielleicht ahnte sie, dass er mich enttäuschen würde«.

Bei dem Gedanken an sie versagte ihr die Stimme.

Ihre Hand griff nach der Tasse, aus der sie, dankbar für die Möglichkeit, eine kurze Pause einzulegen, vorsichtig einige Schlucke trank. Nachdem sie die Tasse absetzte, faltete sie die Hände und legte sie in ihren Schoß.

Mit einem Mal durchflutete sie eine Ruhe und ihr Atem wurde langsam und gleichmäßig. War es die Atmosphäre dieses Hauses, der Ort, an dem sich ihre Mutter so oft aufgehalten hatte, oder war es die Anwesenheit ihrer Nachbarin, die sie plötzlich so gelassen machte? Oder lag es daran, dass sie ihre Probleme zum ersten Mal laut aussprach? In diesem Moment kamen sie ihr überschaubar, ja sogar lösbar vor.

Minutenlang verharrte sie in dieser Position, den Blick auf den Tisch gerichtet und dachte an gar nichts, ehe Marguerite sie aus ihrer Trance weckte. »Genau dort saß auch deine Mutter vor etwa zwanzig Jahren. Sie war sehr jung und so verdammt hübsch anzusehen«. Marie lechzte nach jedem Wort, in dem es um ihre Mutter ging, und sog jeden Satz der Geschichte gierig in sich auf.

»Immer wenn sie vorbeikam, um mit mir einen Tee zu trinken, erzählte sie mir von ihrem Leben. Von dem Alltag in dem Privatinternat, in das ihre Mutter, deine Oma, sie bereits mit zehn Jahren schickte, und später von den Jahren, in denen sie ziellos durchs Leben irrte. Sie jagte von einer Party zur nächsten und machte so gar nichts aus ihrem Leben. Elaine war deswegen immer sehr streng zu ihr gewesen.«

Marie konnte sich nicht mehr an ihre Oma erinnern. Sie war erst zwei Jahre alt gewesen, als diese starb und damit ihre Mutter mit einem Scherbenhaufen, ähnlich dem, vor welchem sie sich gerade befand, zurück ließ. Mit dem einzigen Unterschied, dass Josèphe noch sie hatte, aber damit auch eine weitere Belastung.

»Elaine wollte ihr immer alle Entscheidungen abnehmen. Aber wie sollte sie so zu einem selbstständigen Menschen werden, so hatte sich Josèphe dann stets gerechtfertigt, wenn man sie auf ihre wilde Jugendzeit ansprach.« Marguerite räusperte sich.

»Als sie eines Tages zu mir kam, wirkte sie völlig neben sich und war kreidebleich. Das war der Tag, an dem sie mir anvertraute, dass sie ein Kind unter ihrem Herzen trug. Gerade einmal volljährig und ohne Ausbildung. Sie wusste nicht weiter und hatte große Angst, es deiner Oma zu erzählen.« Jetzt war es die ältere Frau, die nachdenklich vor sich hinstarrte. Langsam bewegte sie den Kopf hin und her und zuckte mit den Schultern.

»In den darauffolgenden zwei Jahren, nachdem sie mir ihr Geheimnis offenbarte, habe ich Josèphe nicht oft zu Gesicht bekommen. Elaine war wütend auf sie und sie stritten sich fürchterlich. Sie erwähnte deine Mutter ab diesem Tag nicht mehr.«

Über diesen Zeitraum hatte ihre Mutter immer beharrlich geschwiegen. Weder ihre Oma noch Marguerite geschweige denn sie selbst wussten, was in diesen Jahren vorgefallen war.

»Nur so viel war gewiss«, über Marguerites Gesicht huschte ein sanftes Lächeln. »Du wurdest in einer kalten, verschneiten Winternacht geboren. Es vergingen einige Monate, dann stand Josèphe plötzlich vor meiner Tür. In der einen Hand eine Stofftasche voller Klamotten und in der anderen trug sie dich, in eine Decke eingewickelt. Über deinen Vater schwieg sie sich aber beharrlich aus. Sie war nicht gut auf ihn zu sprechen. Nachdem wir einige Male erfolglos versuchten, ihr Informationen über seinen Verbleib zu entlocken, gaben wir es schließlich irgendwann auf. Deine Oma hatte bei deinem Anblick sofort allen Groll vergessen. Sie war überglücklich, dass ihre Tochter nun doch den Weg zurück zu ihr fand.«

»Ich würde gerne den Kontakt zu meinem Vater suchen«, ehe Marie die Bedeutung der Worte bewusst war, kamen sie über ihre Lippen und versetzten Marguerite einen gehörigen Schreck. Energisch erhob sie sich von der alten Couch.

»Marie, Männer sind es nicht wert, dass man einen Gedanken an sie verschwendet.«

»Aber …«, Marie wollte es ihr gerade gleichtun und sich ebenfalls erheben, da forderte Marguerite sie mit einer Handbewegung auf, sitzen zu bleiben.

»Nun lass uns jetzt darüber reden, wie wir deine Probleme lösen können, aber nicht darüber, wie du dir neue Unannehmlichkeiten schaffen kannst.« Da ihre Neugier überwog, ließ Marie das Thema vorerst ruhen.

»Ich denke, heute ist der Zeitpunkt gekommen, um dir etwas zu zeigen.« Langsam schritt Marguerite Richtung Tür. Am Türrahmen angekommen, drehte sie sich noch einmal um: »Warte bitte einen Moment.« Dann verließ sie den Raum und

Marie hörte, wie sie die Treppenstufen, die unter ihren Schritten knirschten, hinaufging.

Sie vernahm den Laut einer quietschenden Tür, die eine Ölung dringend nötig hatte. Daraufhin war es einen Moment ruhig, ehe diese Tür wieder geschlossen wurde.

Marguerite kam mit einer alten Schachtel herein, die sie vorsichtig auf den Tisch stellte. Sie wischte mit ihrer gestrickten Weste die dünne Schicht Staub darauf ab. Währenddessen dachte Marie angestrengt nach, was sich wohl darin befinden möge. Sie konnte sich aber keinen Reim darauf machen.

Das Testament ihrer Mutter war bereits eröffnet, ihre sämtlichen Wertsachen und persönlichen Gegenstände befanden sich im Haus. Sollte sich in diesem verstaubten Ding wirklich die Lösung ihrer Probleme befinden? Ungläubig betrachtete sie den braunen Karton, traute sich aber nicht, danach zu greifen, um ihn zu öffnen. »Wenn du dich auf den Inhalt dieser Schachtel einlässt, wird sich dein Leben für immer verändern. Bist du bereit?« Mit fester Stimme sprach Marguerite die Worte.

»Wie kann ich für etwas bereit sein, wovon ich nicht im Geringsten weiß, was es sein soll?« Marie durchflutete wieder diese angenehme Wärme und ihr war, als wäre ihre Mutter anwesend, um ihr in diesem Moment Beistand zu leisten. Dieses Gefühl, nicht alleine zu sein, gab ihr Kraft.

Entschlossen strich sie sich die langen Haare aus dem Gesicht und setzte sich aufrecht hin.

»Ja, ich bin bereit, was immer es auch sein mag.«

Langsam schob Marguerite ihr daraufhin die Schachtel zu: »Dann gehört der Inhalt ab heute dir«

Vorsichtig strich Marie über den Deckel, ehe sie ihren Mut zusammennahm und ihn von der Schachtel löste. Sie hätte mit allem gerechnet, nur nicht mit dem, was sie darin sah.

Marguerite konnte ihr die Gedanken an ihrem verwirrten Gesichtsausdruck ablesen und meinte: »Du hast etwas anderes darin vermutet, oder?«

»Geldscheine wären nicht schlecht gewesen«, Marie konnte sich einen ironischen Unterton nicht verkneifen.

»Der Inhalt dieser Schachtel ist so viel mehr wert, mehr als alles Geld der Welt. Er öffnet dir die Tür in eine völlig fremde Welt, ebenso wie er deine Sichtweise auf vieles grundlegend ändern wird. Deine Probleme werden bald gelöst sein, wenn du den Mut hast, in die Fußstapfen deiner Mutter und deiner Oma zu treten. «

Die letzten Worte verursachten bei Marie erneut eine Gänsehaut auf ihrem Rücken.

»Es gibt also ein Familiengeheimnis, von dem ich die ganzen Jahre über nichts wusste.« Sie atmete tief ein und griff nach dem ersten Gegenstand, der sich in der kleinen Kiste befand.

Es war ein Buch mit einem schwarzen, abgenutzten Lederumschlag. Immer noch ergriffen von den Worten ihrer Nachbarin, schlug sie es auf und blätterte die Seiten durch. Auf jedem Blatt standen einige Adressen aus verschiedenen Stadtteilen. Am Anfang war es Marie gar nicht bewusst, dass es sich dabei ausschließlich um Männernamen handelte, deren Wohnorte hier vermutlich notiert waren. Unter jeder Adresse standen einige ihr unverständliche Abkürzungen und Notizen.

Marguerite nahm ihr das Buch aus der Hand und blätterte darin. Die ältere Frau wirkte ruhig, während sie einige Seiten durchlas, allem Anschein nach war ihr der Inhalt durchaus vertraut.

»Diese Abkürzungen werde ich dir ein andermal erklären, falls du nicht anhand der anderen Sachen von selbst darauf kommst.« Sie forderte Marie mit einem bestimmenden Blick auf, erneut in die Schachtel zu greifen.

Neugierig griff Marie nach dem nächsten Gegenstand. Behutsam öffnete sie den kleinen, schwarzen Samtbeutel und zog ein Fläschchen Parfüm heraus. Sie ahnte sofort, um welches es sich handelte. »Mutters Parfüm«. Den Tränen nah schraubte sie am Verschluss und besprühte ihr

Handgelenk damit. Sofort machte sich der unverwechselbare Duft im Raum breit.

»So lange habe ich danach gesucht«, seufzte sie.

Marguerite ließ sich zurückfallen. Bestürzt bemerkte Marie, dass auch sie Tränen in den Augen hatte. All die letzten Monate hatte sie nicht einen Moment daran gedacht, welch schmerzlicher Verlust es wohl auch für sie war. Sie war wie eine Mutter für Josèphe gewesen und für ihre Oma wie eine Schwester. Sie gehörte zur Familie und das schon seit Generationen.

Wie das Schicksal es wollte, waren sie nun beide allein. Marguerite hatte keine Kinder, ihr Mann war kurz nach der Hochzeit gestorben. Sie waren kurz zuvor in diesen Ort gezogen und hatten dieses Haus gekauft. Marguerite konnte eine Anstellung als Parfümverkäuferin in einer Drogerie ergattern, nur wenige Kilometer von der kleinen Ortschaft entfernt. Ihr Beruf war ihr ein und alles, bis sie vor wenigen Monaten wegen Auflösung des Geschäftes vorzeitig in Rente gehen musste. Marie wusste nicht, wie sie sich seitdem die Zeit vertrieb. Sie überkam ein schlechtes Gewissen und sie bereute, dass sie ihre Nachbarin, die doch so viel mehr war, nicht mehr in ihr Leben miteinbezogen hatte. Es wäre das Mindeste gewesen, was sie hätte tun können.

Denn eigentlich ging es Marguerite nicht anders als ihr selbst, auch sie war seitdem auf sich allein gestellt. Voller Mitgefühl stand Marie auf und nahm neben der älteren Dame Platz, um ihr Trost zu spenden.

«Es ist, als wäre Josèphe hier, mitten unter uns.« Die Worte waren genau die gleichen, welche Marie beim Geruch des Parfüms in den Sinn kamen.

»Sie ist allgegenwärtig. Solange wir über sie reden und die Erinnerungen im Herzen behalten, wird sie immer ein Teil unseres Lebens bleiben. « Marguerite schluckte, während ein Lächeln über ihr Gesicht huschte.

»Wie recht du doch hast.«

Mit diesen Worten wollte Marie das Samtsäckchen weglegen, da fiel ein kleiner Zettel heraus und landete auf dem Tisch.

Bereits als sie ihn öffnete, merkte sie, dass er alt war. Die Ränder waren ausgeblichen und die Schriftweise veraltet. Sie war sich sicher, dass es sich nicht um die Schrift ihrer Mutter handelte, denn diese kannte sie nur zu gut. Aus den Begriffen auf den Zettel konnte sich Marie keinen Reim machen. Sie ahnte zwar, dass es mit dem Parfüm zu tun haben musste, aber sie wurde aus den Notizen nicht schlau.

»Was hat es mit diesem Zettel auf sich? «, erwartungsvoll sah sie Marguerite an.

»Das Parfüm deiner Mutter ist kein Beliebiges, sondern ein ganz Besonderes.«

Marie wollte sie nicht unterbrechen, aber sie konnte es sich nicht verkneifen, zu fragen:

»Dennoch verstehe ich nicht, warum daraus so ein Geheimnis gemacht wird?«

»Deine Oma hatte ihre guten Gründe dafür. Sie wählte diesen Duft mit Bedacht und es war von großer Bedeutung, dass es ihn nirgends zu kaufen gab. Aber auch das wirst du bald begreifen.«

»Dann ist das also Omas Schrift?" Maries Neugierde war geweckt.

Doch Marguerite ließ sich nicht beirren. »Es wird die Zeit kommen, um es dir zu erklären, allerdings nicht heute.«

Marie wollte sie nicht drängen, deshalb beließ sie es dabei und bohrte nicht weiter nach, obwohl sie darauf brannte, das Geheimnis zu erfahren.

Sachte legte sie den Flakon und das beschriebene Blatt neben sich und nahm den nächsten Gegenstand heraus. Was sie dann in der Hand hielt, erinnerte an eine der Masken, wie sie oft in Theatern getragen wurden.

»Davon findest du noch weitere, alle in verschiedenen Ausführungen«, bemerkte Marguerite.

»Sie erinnern mich an die Karnevalsveranstaltungen, die ich manchmal mit Mutter besuchte.«

Behutsam glitten Maries Finger über den feinen Stoff.

»Diese hier ist aber wesentlich edler.« Sie war mit feinen Perlen besetzt und kleine, zarte Federn schmückten den Rand. Fast schon anmutig wirkte sie, Marie getraute sich gar nicht, sie aufzusetzen. Noch immer aber wusste sie nicht, was es mit all diesen Dingen auf sich hatte. Fragend wandte sie sich daher an Marguerite:

»Ich erkenne aber immer noch nicht, wie all diese Sachen meine Probleme lösen sollen? «

«Nicht so ungeduldig, mein liebes Kind«, dabei legte sie ihre Hand auf Maries Oberschenkel. Dann griff sie nach dem letzten Inhalt der Schachtel, einem Brief.

Ehe sie ihn Marie reichte, wandte sich Marguerite mit ein paar Worten an diese.

»Das, liebe Marie, ist nun dein eigentliches Erbe, welches du zu tragen hast. Damit gehst du eine Verpflichtung ein, die dich für den Rest deines Lebens prägen wird. Es werden dir Türen geöffnet in eine Welt, die aus Geheimnissen bestehen wird.«

Sofort kam Marie in den Sinn, wie geheimnisvoll sie ihre Mutter immer fand und welches Geheimnis Josèphe selbst immer aus ihrem Leben gemacht hatte.

»Wenn du dich einmal darauf einlässt, wirst du dich diesem Reiz nicht mehr entziehen können. Aber sei dir auch darüber bewusst, dass es deine Grundwerte ins Wanken bringen wird und das du dafür auch Opfer bringen musst.«

Jetzt aber gab es für Marie kein Zurück mehr. Zu sehr brannte sie darauf, diesem Familiengeheimnis endlich auf den Grund zu gehen.

»Ich lasse dich nun kurz allein«, mit diesen Worten erhob sich Marguerite. Sie verschwand in Richtung Küche und ließ Marie allein zurück.

Hastig, um keinen weiteren Zweifel aufkommen zu lassen, öffnete sie den Brief und begann zu lesen:

Liebe Marie,

wenn du diesen Brief liest, bedeutet es, dass ich nicht mehr bei dir bin. Ich musste dich allein lassen und doch wirst du nie allein sein. Denn bei allem, was du in Zukunft tun wirst, werde ich bei dir sein. Ich kann nicht von dir verlangen, dass du unser Familienge-heimnis fortführst. Ein Teil von mir hofft auch, dass du es niemals tun musst. Der andere Teil jedoch wünscht sich, dass du Einblick bekommst in diese Welt der Macht und der Begierde. Bitte beachte aber folgende Punkte genau:

1. *Notiere sämtliche Kontakte ausschließlich in diesem Notizbuch.*
2. *Verwende bei den Treffen nur dieses Parfüm in genau dieser Zusammensetzung.*
3. *Übernachte niemals bei einem deiner Kunden.*
4. *Trage immer eine der Masken.*

Und zuletzt das Wichtigste:

5. *Verliebe dich NIE in einen Kunden.*

Langsam dämmerte Marie, womit ihre Mutter ihr Geld verdient hatte und sie schämte sich dafür, ernsthaft in Erwägung gezogen zu haben, sich auf das „Erbe" einzulassen. Niemals würde sie für Geld mit einem Mann schlafen, geschweige denn mit einem verheirateten Mann. Trotzdem las sie die Zeilen weiter:

Ich weiß, was du jetzt denkst. Und nein, damit hast du nicht recht. Es geht nicht darum, mit den Männern zu schlafen. Du kannst das natürlich tun, aber sei dir immer im Klaren, dass du es zu keinem Zeitpunkt musst.

Aber du wirst sehr schnell merken, wie weit du gehen kannst und was die Kunden wünschen. So seltsam es klingen mag, fühle dich gesegnet, dass du in diese Welt eintauchen darfst, denn für viele ist es nur Fantasie, welche du nun leben darfst. Also lebe, genieße und schweige, so wie auch ich es immer getan habe.

Ich liebe dich,

Deine Mutter

In selben Moment, als sie die letzten Worte gerade zu Ende las, kam Marguerite wieder herein. Sie setzte sich neben Marie.

Dann nahm sie ihr den Brief, den sie noch immer fest umklammerte, behutsam aus der Hand und verstaute ihn in der Schachtel. Ebenso griff sie nach dem Parfüm und der Maske und tat dasselbe damit. Vorsichtig legte sie den Deckel auf die Schachtel und rückte sie dann ein Stück beiseite, um Platz für den Tee zu machen, der auf dem viel zu kleinen Tisch drohte, herunter zu kippen.

Während sie das tat, saß Marie nur stumm da und starrte zu Boden, unfähig, ihre Gedanken zu sortieren oder diese in Worte zu fassen. Marie begriff nur langsam, was ihre Mutter ihr hinterlassen hatte. Sie verstand aber nicht die Zusammenhänge zwischen dem Inhalt der Schachtel und ihrer Geldnot. Auch konnte sie in dieser Situation noch nicht akzeptieren, welches Leben Josèphe und auch Elaine all die Jahre führten. Marguerite war es schließlich, die das Wort ergriff und sie in die Realität zurückholte.

»Lies das Notizbuch zu Hause in aller Ruhe durch. Du findest darin die Adressen wohlhabender Männer. Hinter dem Namen steht das Geburtsdatum. Es handelt sich hauptsächlich um Herren in fortgeschrittenem Alter. Halte dich genau an die Regeln, die Josèphe dir vorgegeben hat. Nur so kannst du sichergehen, nie erkannt zu werden. Denn sollte das passieren, bist du ein Risiko für die Männer und sie werden die Geschäftsbeziehung sofort beenden. Trage immer eine dieser Masken. Nicht nur zum Schutz deiner Privatsphäre, sondern auch zum Schutz deiner Seele. Manche Dinge fallen einem leichter, wenn man dabei unerkannt bleiben kann. Das wird dir vor allem am Anfang die nötige Kraft und Sicherheit geben«.

Es verwunderte Marie, wie detailliert Marguerite in das Familiengeheimnis eingeweiht war.

»Seit wann weißt du davon?« kam es ihr über die Lippen.

»Schon seit dem Tag, als deine Oma ihren ersten Kunden hatte. Sie war damals in derselben Situation wie du heute und sah keinen anderen Ausweg mehr. Und letztendlich war es dieser Nebenverdienst, der es ihr ermöglichte, deine Mutter auf eines der besten Internate zu schicken.«

Jetzt erst begriff Marie, was der Job ihr einbringen könnte. Mit dem Gedanken anfreunden, dass sie sich mit fremden Männern treffen sollte, konnte sie sich aber immer noch nicht.

»Aber wie kommt man auf diesen Gedanken und vor allem, wie setzt man ihn letztendlich in die Tat um?« Sie war begierig darauf, endlich die ganze Geschichte zu erfahren.

»Zufällig stieß Elaine damals auf eine Anzeige in der Zeitung. Ein älterer Herr war auf der Suche nach einer Frau in seinem Alter, die Interesse an einem Rendezvous der besonderen Art hatte. Ihr Mann Racell verließ sie wenige Tage zuvor und sie war der Ansicht, nichts verlieren zu können, deshalb rief sie dort an und sie vereinbarten ein Treffen auf einem Ball. Es war ein Karnevalsball, daher entschied sie sich dafür, eine Maske zu tragen.«

»Somit wäre ein Rückzieher, bei dem sie unerkannt geblieben wäre, jederzeit möglich gewesen«, flüsterte Marie.

»Richtig, dieses Hintertürchen wollte sie sich offenlassen. Denn auch wenn deine Oma neugierig auf das Leben war, so war sie keineswegs naiv. Sie war sich bewusst, dass eine solche Begegnung auch Gefahren bergen konnte. «

»Und wie verlief dann die Verabredung?«

»Als Elaine das als Treffpunkt gewählte Haus betrat, wurde sie durch eine vornehm gekleidete Dame begrüßt. Man nahm ihr den schwarzen Pelzmantel ab und geleitete sie in einen Nebenraum. Dort reichte ihr ein adretter Herr ein Glas Champagner und führte sie an seinem Arm galant durch einen mit rotem Teppich versehenen Gang hinein in den großen Ballsaal.«

»Was ist an diesem Abend weiter passiert?«

»Nicht mehr viel, sie tanzte mit dem Herrn, dessen Namen sie nie erfahren hat. Sie unterhielten sich und so gegen Mitternacht brachte er sie zum Taxi.«

»Aber das klingt ja nach einem ganz normalen Date!«

Marguerite lachte über den modernen Ausdruck.

»Ja, bis zu diesem Zeitpunkt war es wirklich ein fast normales, nun ich bevorzuge das Wort Rendezvous. Doch als er ihr die Autotür öffnete und sie gerade einsteigen wollte, drückte er ihr ein paar Geldscheine in die Hand. Sie war zu verdutzt, um sie ihm zurückzugeben, was sie im Nachhinein für richtig gehalten hätte.«

»Er hatte sie also nur fürs Tanzen bezahlt«, staunte Marie.

Die Erleichterung stand ihr ins Gesicht geschrieben.

Marie entspannte sich erleichtert. Marguerite lächelte aufmunternd und drückte ihre Hand.

»Anfangs ja, doch seine Wünsche änderten sich und damit auch der Preis, den er dafür zu zahlen bereit war.«

Nachdenklich betrachtete Marie Marguerite, ehe ihr die Frage über die Lippen kam, die sie die ganze Zeit beschäftigte:

»War meine Oma eine Prostituierte?«

Entsetzt schüttelte Marguerite den Kopf und schlug die Hände gegen die Stirn.

»Um Himmels willen, nein, das war sie natürlich nicht. Und sie hat sich selbst auch nie so gesehen. Vielmehr war sie eine Frau, die auf die Wünsche verheirateter Männer einging, auf ganz unterschiedliche Art und Weise.«

Marguerite wollte gerade weitererzählen, da winkte Marie ab. Ihr wurde das alles zu viel. Sie konnte das gerade Erlebte kaum begreifen und die Worte der alten Frau drangen nur noch verschwommen zu ihr vor. Marguerite merkte ihr diesen Zustand an. Sie erhob sich und Marie tat es ihr gleich.

»Ich denke, das sind vorerst genügend Informationen. Du wirst bald noch mehr Fragen haben, wenn die Zeit beziehungsweise wenn du dafür reif bist«.

Dann drückte sie ihr die Schachtel in die Hände.

»Sie gehört von nun an dir.«

Widerwillig nahm Marie sie und verabschiedete sich mit einem Kuss auf die Wange von ihrer Nachbarin.

»Danke, Marguerite, danke«, kam es fast lautlos über ihre Lippen, obwohl Marie sich in diesem Moment nicht sicher war, ob dieses Familiengeheimnis nun ein Segen, ein Fluch oder beides zugleich war.

»Nicht dafür, mein Kind, nicht dafür. «

Als Marie ihr Haus betrat und die Tür ins Schloss fallen ließ, lehnte sie sich erschöpft gegen die Wand. Sie war noch immer zu verwirrt und aufgewühlt, um in diesem Moment eine Entscheidung zu treffen. Für Marguerite dagegen schien es vielleicht so, dass sie diese schon getroffen hatte, aber ihre Moral wehrte sich mit Händen und Füßen dagegen.

Josè war bisher der einzige Mann gewesen, den sie begehrte und sie hatte gehofft, es würde auch dabei bleiben. Noch nie fand sie Gefallen daran, Männer zu verführen, nur um sie danach wieder fallen zu lassen und die Nächte allein zu verbringen. Sie wollte beschützt, in den Arm genommen und geliebt werden. Marie hatte immer noch dieses Bild von einer glücklichen Familie im Kopf. Von Kindern, die dieses einsame Haus wieder mit Leben füllen sollten. Das Leben, das ihre Mutter und ihre Oma nie hatten und allem Anschein nach auch nie anstrebten.

Wenn sie sich nun auf dieses Spiel einließe, würde das auch bedeuten, dass sie all diese Dinge hinter sich lassen musste. Wenn auch nicht für immer, so doch für eine lange Zeit. Aber sie ahnte, dass sie am heutigen Tag zu keiner Entscheidung mehr kommen würde.

In der Hoffnung auf etwas Entspannung beschloss sie deshalb, ein Bad zu nehmen. Während das heiße Wasser einlief, zog sie sich langsam aus. Sie hatte ihren Körper schon lange nicht mehr intensiv betrachtet. Wenn sie ernsthaft nachdachte, hatte sie das eigentlich noch nie getan. Müsste Marie ihn mit einigen Worten beschreiben, würden ihr nur wenige Begriffe dazu einfallen.

Da waren die schmale Taille, die etwas zu breit geratene Hüfte und ihr üppiges Dekolleté, das sie vor allem bei weit ausgeschnittenen Oberteilen verfluchte. Ihr Körper war Standard, zumindest empfand sie es so. Und mit diesem Körper solle sie nun Männer verführen und um den Verstand bringen? Der Gedanke entlockte ihr ein Kichern, obwohl ihr nicht danach zumute war. Zumindest das Lachen ist mir noch nicht vergangen, dachte sie und kickte dabei die Unterwäsche gekonnt in die Wäschebox. Vielleicht ließen sich ihre Sorgen einfach abwaschen wie Schmutz. Mit dieser Hoffnung ließ sie ihren Körper langsam in das heiße Wasser gleiten und tauchte bis zum Kinn ein. Wohlige Wärme durchflutete ihren ganzen Körper und von Minute zu Minute entspannte sie sich mehr. Ein Glas von Mutters Wein wäre jetzt genau das Richtige, schade nur, dass sie nicht vorher daran gedacht hatte. Raus aus dem warmen Nass war keine Option mehr, deshalb verzichtete sie schweren Herzens darauf.

Während sie grübelnd an die Decke starrte, begannen ihre Hände über die angewinkelten Knie bis zu den Oberschenkeln zu gleiten, als wären sie plötzlich ferngesteuert. Erst als ihre Hände bereits ihre Bauchmitte erreichten, realisierte sie die Situation. Was tat sie hier nur? War sie tatsächlich kurz davor, ihren Körper kennenzulernen, um ihn dann wirkungsvoll bei dem anderen Geschlecht einzusetzen?

Schnell zog sie ihre Hände zurück, griff nach der Flasche Schaumbad und versah das Badewasser mit ein paar weiteren Spritzern von dem herrlich nach Rosen duftenden Badezusatz. Was hatte ihre Mutter sich nur dabei gedacht, begann sie zu grübeln. Sie konnte doch nicht ernsthaft glauben, dass ich bereit war, mich auf dieses Spiel einzulassen. Sie kannte mich doch und wusste, dass ich nicht der Typ war, der nur so vor Selbstbewusstsein strotzte. Marie bewunderte ihre Mutter für ihr Verhältnis zu ihrem Körper und für ihre Lockerheit, mit der sie anderen Menschen gegenübertreten konnte. Natürlich wollte sie oft so sein wie sie oder nur ansatzweise diese Gabe besitzen, auf andere geheimnisvoll zu wirken. Auch der Gedanke, dass ihre Großmutter dieselbe Fähigkeit besessen haben musste, war ihr unangenehm.

Mit einem Mal war der Entspannungseffekt, den das Bad hervorgerufen hatte, wie weggeblasen. Maries Körper verkrampfte sich und ihr Herz wurde wieder schwer. Der Kummer und die Angst vor der Zukunft und der Ungewissheit überkamen sie abermals.

Sie holte tief Luft und hielt sich mit einer Hand die Nase zu, wie sie es immer tat, wenn sie unter Wasser war und tauchte ihren Kopf in das warme Nass. Wie lange es wohl dauern würde, bis sie bei ihrer Mutter war? Der Druck auf ihre Brust verstärkte sich, es war, als würde ihr jemand die Luft abdrücken. Seltsamerweise empfand sie dieses Gefühl jedoch als angenehm und sie verspürte nicht den Drang zum Auftauchen. Sie fühlte sich mit einem Mal leichter denn je, fast schwerelos. Der Druck, der immer mehr nachließ, wich einer Leichtigkeit und Ausgeglichenheit. Ihr Körper entspannte sich wieder, auch ihr Herz pochte wieder ruhig und gleichmäßig. Langsam merkte sie, wie es immer kälter wurde.

So fühlt sich also das Sterben an. Sie löste ihre Hand, mit der sie sich die ganze Zeit die Nase zuhielt und öffnete die Augen.

Verwirrt stellte sie fest, dass sie sich gar nicht mehr unter Wasser befand. Sie musste wohl beim Abtauchen aus Versehen den Stöpsel herausgezogen haben. Im ersten Moment wusste sie nicht, ob sie erleichtert sein sollte, dass sie noch lebte oder traurig, weil sie immer noch eine Entscheidung treffen musste. Die Kälte, die sich nun auf ihrem ganzen Körper ausbreitete, hinderte sie aber daran, weiter darüber nachzudenken.

Eilig stieg sie aus der Badewanne und griff nach dem großen, weißen Handtuch, das sie sich vorher bereitgelegt hatte und in welches sie sich nun einwickelte, wie es eine Mutter mit ihrem Baby tat. Sorgfältig begann sie, sich trocken zu rubbeln. Anschließend föhnte sie ihre Haare kopfüber, sodass sie ihr nun in großen Wellen über die Schulter fielen.

Dieses Mal griff sie aber nicht zur Bürste, um sie wieder glatt zu kämmen, sondern überließ sie diesem Zustand, der wie frisch aus dem Bett gestiegen wirkte. Dann cremte sie ihren Körper mit Lotion ein und zog sich ihren Slip und ihren BH an. Marie legte nicht viel Wert auf Kleidung. So besaß sie nur einfache Unterwäsche, die nun nicht unbedingt aufreizend wirkte. Es war ihr auch nie aufgefallen, nun aber schämte sie sich etwas dafür. Vielleicht war ich selbst schuld daran, dass Josè das Weite suchte, diesen Gedanken versuchte Marie aber sofort wieder zu verdrängen.

Sie wollte gerade nach ihrem Pyjama greifen, da war ihr, als würde ihre Hand auf einmal ganz schwer werden und eine unsichtbare Person sie zurückhalten. Und von einer Sekunde auf die andere überkam sie das Bedürfnis, in das Zimmer ihrer Mutter zu gehen.

Marie gab diesem Drang nach und schritt, nur mit der Unterwäsche bekleidet, in Josèphes Schlafzimmer. Seit deren Tod hatte sie diesen Raum nicht mehr betreten. Seltsamerweise verspürte sie aber keinen Schmerz, als sie die Tür öffnete und die vielen vertrauten Dinge sah, die ihrer Mutter so wichtig gewesen waren und in denen sich ihr Charakter widerspiegelte.

So stand am Ende des Zimmers neben dem Fenster ihr weißer Schminktisch. Darauf waren unzählige Lippenstifte und Nagellacke in den verschiedensten Farben platziert, Cremetiegel und Bürsten waren ebenfalls reichlich vorhanden. Doch das war es nicht, das Marie magisch anzog. Es war Josèphes Kleiderschrank, der ihre ganze Aufmerksamkeit erregte.

Ehrfürchtig öffnete sie ihn und blickte auf eine Vielzahl schöner Kleider. Diese trug ihre Mutter immer dann, wenn sie zu einer Verabredung ging und jedes Mal sah sie atemberaubend darin aus. Sie hatte die Kleider wie einen Schatz gehütet, es war ihr Heiligtum, das für Marie immer tabu gewesen war. Als sie noch klein war, schlich sie sich manchmal in das Zimmer, sperrte die Tür zu und probierte heimlich die Gewänder an. Josèphe trug hauptsächlich kurze Kleider, die ihr nur bis zu den Knien reichten, an Marie hingen sie jedoch immer bis zum Boden. Sogar wenn sie ihre hohen Schuhe dazu trug, schleifte sie den Saum am Boden entlang. Das war, als sie noch ein kleines Mädchen gewesen war. Nun war sie erwachsen,

aber ein Kleid war ihr immer in Erinnerung geblieben:

Das auffallende Rote, welches Josèphe an dem
Morgen getragen hatte, als Marie beobachtete, wie
sie aus dem Auto gestiegen war. Es war auch ihr
Lieblingsstück gewesen und es gefiel ihr sehr,
wenn es ihre Mutter trug. Der Stoff war aus feiner
Seide und fühlte sich an, als würde man ein Fe-
derkleid tragen. Samtweich schmiegte es sich den
Körperkonturen an und umrahmte sie. Das strahlende Rot verlor über die langen Jahre nicht an
Leuchtkraft, ebenso hatte ihre Mutter immer die
Figur besessen, um es tragen zu können. Sie hingegen würde es wahrscheinlich nicht einmal über
die ausladenden Hüften ziehen können, dessen
war sie sich sicher. Trotzdem griffen ihre Hände
ausgerechnet nach diesem Kleid. Langsam löste
sie es vom Bügel und streifte es sich über.

Marie traute ihren Augen nicht. Das Kleid glitt an ihren Kurven entlang und schmiegte sich an ihren Körper wie eine zweite Haut. Es saß an allen Körperstellen wie angegossen, nahezu als wäre es genau für sie zugeschnitten worden. Ungläubig drehte sie sich und betrachtete sich im Spiegel.

»Wie ist das nur möglich?«, murmelte sie.

Immer wieder strich sie mit den Händen ihre Figur entlang, ohne dabei die Augen von ihrem Spiegelbild zu lassen. Je länger sie sich betrachtete, desto mehr Ähnlichkeiten erkannte sie, welche sie mit ihrer Mutter hatte. Früher war ihr das nicht bewusst gewesen, doch jetzt sah sie plötzlich ihre Mutter in jungen Jahren vor sich. Josèphe hatte sich immer als vollschlank bezeichnet, sie war sichtlich stolz auf ihre fraulichen Rundungen gewesen. Sie hatte ihre Oberweite und ihre Hüften mit Stolz getragen und diese immer betont, wann es möglich und dem Anlass entsprechend war. Wenn man in ihr Gesicht blickte, hatte man in strahlende, vor Selbstbewusstsein strotzende Augen gesehen. Das ein oder andere Pfund zu viel, wenn denn eines da gewesen wäre, hätte dieser Ausdruck sofort wettgemacht.

Josèphe war der Meinung, dass es zwar Tausende schlanke Frauen gab, aber darunter nur wenige, die jene innere Schönheit besaßen, von welcher die Männer angezogen würden. »Einer Frau mit einem kurzen Rock pfeifen sie nach, aber von einer sinnlichen Frau träumen sie«, waren ihre Worte immer dann gewesen, wenn Marie wieder mit ihrer Figur haderte.

Und jetzt trug sie ein Kleid ihrer Mutter, die eine Figur besessen hatte, von der sie immer träumte und es passte ihr perfekt.

Langsam begann sich Maries Wahrnehmung zu verändern. Dass ihre Oberweite in diesem Kleid gar nicht mehr so üppig wirkte, bestärkte sie in ihrem Sinneswandel. Vielmehr betonte es ihre schmale Taille und bildete einen wunderschönen Kontrast zu ihren dunklen Haaren. Je länger sie sich betrachtete, desto mehr gefiel ihr, was sie sah und sie konnte sich immer besser vorstellen, dass sie das Erbe tatsächlich annehmen würde. Ja, mit diesem Körper, den sie im Spiegel sah, konnte sie Männer verführen. Positiv gestimmt zog sie das Kleid vorsichtig wieder aus und hängte es zurück in den Schrank. Als sie die Schranktüren schloss, blickte sie erneut in den Spiegel. »Aber nicht in dieser Unterwäsche«, kopfschüttelnd betrachtete sie den baumwollenen Slip und den einfachen Bügel-BH.

»Als Erstes werde ich mir schöne Dessous gönnen«, mit diesem Vorsatz schlüpfte Marie in ihrem Pyjama und ging müde, aber auch voller Vorfreude und Aufregung auf das Bevorstehende ins Bett.

Am nächsten Morgen setzte Marie nach anfänglichem Zweifel ihren Vorsatz dann aber doch in die Tat um und fuhr nach einem Kaffee, den sie im Stehen zu sich nahm, in die Stadt. Den Rechnungen widmete Marie keinen Gedanken mehr. Sie waren mittlerweile ihr geringstes Problem geworden. Jetzt, da sie eine Lösung dafür gefunden hatte, war plötzlich die Lösung ihr Problem. Doch sie war bereit, es damit aufzunehmen.

Zuversichtlich steuerte sie den betreffenden Laden an, der nur wenige Kilometer von ihrem Wohnort entfernt lag. Erst drinnen wurde ihr bewusst, dass sie sich noch nie in so ein Geschäft getraut hatte. Marie dachte bisher immer, dass sich nur vornehme Frauen mit Spitzendessous einkleiden.

Als ihre Hände nun die Stoffe berührten, musste sie unweigerlich an die Masken denken, die sich in der Schachtel befanden und die sie zu jedem Treffen tragen sollte. Jetzt, da sie sich inmitten dieser betörenden Dessous befand, wirkte die Vorstellung immer greifbarer. Gestern, als Marguerite ihr davon erzählte, war alles noch wie ein Traum gewesen. Doch seit sie das Kleid getragen hatte, spielte sie ernsthaft mit dem Gedanken, es zumindest zu versuchen. Nachdenklich griff sie nach einem Set, ohne auf die Größe geachtet zu haben. Eine Dame, Marie schätze sie auf etwa fünfzig, eilte herbei und griff nach dem schwarzen Kleiderbügel.

»Entschuldigen Sie, Fräulein, aber ich glaube, das hier ist die falsche Größe für Sie. Mit Verlaub, wenn ich das sagen darf, für Ihre perfekten Kurven bedarf es etwas mehr Stabilität.«

Bei ihrer Ausdrucksweise konnte sich Marie ein Kichern nicht verkneifen. Sie merkte jedoch sofort, dass die Verkäuferin nur höflich sein wollte und im Grunde hatte diese ja vollkommen recht, deshalb nahm Marie das Angebot einer Beratung sehr gerne an.

Einige Minuten später befand sie sich in der geräumigen Umkleidekabine und die nette Angestellte reichte ihr ein Set nach dem anderen hinein. Schön waren sie alle, doch Marie fehlte das entscheidende Etwas. Wohl wissend, dass sie der Frau nicht den wahren Grund ihres Einkaufes verraten konnte, versuchte sie, ihr Anliegen zu umschreiben.

»Hätten Sie nicht noch etwas anderes, etwas das festlicher wirkt?«

Jetzt war es die Dame, die schmunzelte.

»Festlicher?« Fragend blickte sie Marie an: »Oder meinen Sie vielleicht verführerischer?«

»Ja, genau das wollte ich damit sagen.« Merkwürdig, wie schwer es ihr fiel, dieses Wort laut auszusprechen. Etwas beschämt blickte Marie zu Boden.

»Selbstverständlich«, erwiderte die Verkäuferin. »Einen Moment bitte«.

Und schon eilte sie davon und kam wenig später mit drei wunderschönen Sets zurück. Das eine in einem leuchtenden Rot mit feinen Spitzen, ein anderes war aus schwarzer Seide, die sich so weich anfühlte, dass man am liebsten darin versinken wollte. Das dritte Set war in Beige gehalten, sehr dezent, aber trotzdem wirkte es wegen der filigranen Spitzen edel und sinnlich. Als Marie sie anprobierte, traute sie ihren Augen nicht. Sie saßen perfekt und rückten ihre Körperproportionen in ein völlig anderes Licht. So betrachtet, fand sie ihre Figur gar nicht mehr zu füllig. Der BH zauberte ein atemberaubendes Dekolleté, von dem selbst Marie kaum die Augen lassen konnte. Und auch der mit Spitzen verzierte Tanga lag wie eine zweite Haut auf ihrer Hüfte. Sie konnte es kaum abwarten, zu Hause die Kleider dazu anzuziehen.

»Gefällt es Ihnen?«, hörte Marie die ältere Dame durch den Vorhang rufen.

Mehr als ein heiseres »Ja«, brachte sie in diesem Moment nicht über ihre Lippen, zu sehr war sie mit ihrem Spiegelbild beschäftigt.

Eilig zog sie die Unterwäsche aus, um sie zurück auf den Bügel zu hängen. Dann streifte sie sich die Hose und das Oberteil über und verließ die Garderobe in Richtung der Kasse.

Vollgepackt mit einer weißen Tüte, die mit einer goldenen Prägung versehen war, verließ sie das

Geschäft nach zwei Stunden wieder. Und obwohl sie das Gekaufte nicht einmal trug, fühlte Marie sich um ein Vielfaches selbstbewusster als noch beim Betreten des Geschäftes. Zwar wurde ihr etwas unwohl in der Magengegend, als sie daran dachte, was der Einkauf gekostet hatte, doch diesen Gedanken schob sie gleich wieder beiseite. »Es ist schließlich eine lohnende Investition in meine Zukunft«, rechtfertigte sie die teure Anschaffung.

Daheim stellte sie die Tüte ins Bad und machte sich anschließend daran, alle Rechnungen noch einmal durchzusehen. Sie wusste, dass ihr nichts anderes übrig blieb, da die nächsten Tage die meisten davon beglichen sein mussten. Marie öffnete gerade die Schublade, die ihr beinahe mitsamt Inhalt entgegen fiel, da läutete es an der Tür. »Schicksal«, seufzte sie und ging eilig zur Tür.

»Marguerite, schön, dass du da bist «, erfreut nahm Marie sie in die Arme.

Marguerite wirkte etwas zögernd.

»Ich hoffe, ich störe dich nicht, aber ich hatte das Gefühl, als könntest du noch Fragen haben.«

»Du störst überhaupt nicht, im Gegenteil, du kommst gerade richtig, komm herein.«

Während Marie ihr die Tür offen hielt, ging Marguerite an ihr vorbei in die Küche. Sie kannte sich aus, deshalb waren Worte überflüssig. Unaufgefordert nahm sie Platz.

»Ein Glas Wein wäre jetzt recht. «

»Aber Marguerite, doch nicht schon um diese Zeit! Es ist gerade einmal kurz nach zwei!«

Marie lehnte am Türrahmen und beobachtete sie. Alt war sie geworden, aber in ihren Augen war ein Funkeln, das selbst nach all den Jahren nicht erloschen war. Sie kannte ihre Nachbarin und deren starken Willen, so leicht würde sie nicht von ihrem Wunsch abzubringen sein.

»Aber hast du recht, ein Gläschen wird schon nicht schaden«. Kaum hatte Marie diese Worte gesprochen, drehte sie sich um und ging die Treppe hinunter in den Keller, wo sich Josèphes Vorrat an Weinflaschen befand. Mit einer Flasche in der Hand machte sie sich auf den Rückweg. Als sie in der Küche ankam, hatte Marguerite bereits zwei Gläser auf den Tisch gestellt und die Rechnungen beiseitegeschoben.

Marie holte einen Flaschenöffner aus dem Regal und öffnete sie. Dann füllte sie die Gläser bis zur Hälfte. Marguerite griff nach ihrem und prostete ihr zu. »Und, wie hast du dich entschieden?«, wollte sie wissen.

Marie wollte es ihr gerade gleich tun, doch bei ihren Worten ließ sie das Glas noch einmal sinken und stellte es ab.

»Ich habe dir doch gestern schon gesagt, dass ich das Erbe annehme. «

»Dein Wort von gestern hat für mich keine Bedeutung. Nun, nachdem du eine Nacht darüber geschlafen hast und die Möglichkeit hattest, dir darüber klar zu werden, was diese Entscheidung bedeutet, will ich eine klare Antwort von dir.«

Marie schaute ihr tief in die Augen. »Ja, Marguerite, ich nehme das Erbe an.« Marie, deren Hand das Weinglas immer noch berührte, hob es nun wieder an und prostete ihr zu. Marguerite trank einen großen Schluck, ehe sie das Glas erneut wegstellte.

„Das, Liebes, wird dir von nun an keine Sorgen mehr bereiten." Marguerites Kopf zeigte in Richtung der Schublade, die noch immer offen stand und in der sich die Rechnungen sammelten.

Dann griff sie in ihre Westentasche und beförderte einen Umschlag zutage.

Marie blickte ungläubig auf den Umschlag.

«Ein weiteres Geheimnis?«, fragte Marie besorgt.

»In gewisser Weise, ja.«

Marie war sich nicht sicher, ob sie schon bereit war für noch mehr Überraschungen. Gerade hatte sie sich an den Gedanken gewöhnt, in Zukunft Männer zu verführen, da drohte ihr schon die nächste Herausforderung.

»Öffne ihn ruhig«, forderte Marguerite sie auf und schob ihn dabei über den Tisch.

Ohne einen weiteren Gedanken an Spekulationen darüber zu verschwenden, was sich darin befinden könnte, griff Marie danach. Bereits als sie den Verschluss aufklappte, blickte sie auf ein dickes Bündel Geldscheine.

Entgeistert wanderte ihr Blick zwischen dem vielen Geld und Marguerite hin und her. Dann griff sie danach und legte es auf den Tisch. Sofern es ihr in diesem Moment möglich war, klar zu denken, versuchte sie zu überschlagen, welche Summe da gerade vor ihr lag.

»Ich helfe dir auf die Sprünge: es sind genau 65.000 France«, gab ihr Marguerite Auskunft.

»Ich nehme kein Geld von dir«, entschlossen schob sie das Geld von sich weg.

»Marie, du verstehst nicht. Das Geld ist nicht von mir. Es ist von deiner Mutter.« Sie griff nach dem Geld, legte es in den Umschlag und drückte es Marie in die Hände. Diese blickte sie mit offenem Mund an, unfähig, ein Wort darauf zu erwidern.

»Sie hat mich gebeten, dir diesen Umschlag zu geben, nachdem du von dem Geheimnis erfahren hast. Sie hatte die Befürchtung, das Geld könnte deine Entscheidung beeinflussen, deshalb bat sie mich, es dir erst zu überlassen, wenn du dir im Klaren bist, ob du in ihre Fußstapfen trittst. Allerdings unter der Voraussetzung, dass es sich nicht um ein leeres Versprechen handelt.«

»Mutter ist«, Marie räusperte sich, »war verrückt. Aber das hätte sogar ich ihr nicht zugetraut.«

»Sie wusste, welche Belastung das Haus für dich sein würde. Trotzdem war es ihr wichtig, dass es erhalten bleibt und von den nachfolgenden Generationen weitergeführt wird.«

»Dich schickt der Himmel«, der Bedeutung dieses Satzes bewusst, drückte Marie die Scheine fest an sich.

Ihr Blick ging in Richtung der Umschläge mit den Rechnungen.

»Ich würde sagen, darauf trinken wir noch ein Glas.«

»Sehr gerne, ich habe Zeit, alle Zeit der Welt.«

Marguerite erzählte ihr an diesem Nachmittag viel über ihre Mutter. Dabei wurde sie nicht müde, zu betonen, wie glücklich Josèphe und auch Elaine bei dem, was sie taten, die ganze Zeit gewesen waren.

»Ich habe sie manchmal darum beneidet«, waren ihre Worte gewesen. Doch den Mut, sich dieser Versuchung hinzugeben, hatte Marguerite niemals besessen. Für sie war die Liebe von zu großer Bedeutung, als dass sie sich diese Illusion jemals zerstören wollte. Maries Vorstellung von der großen Liebe hingegen war bereits Vergangenheit, deshalb hatte sie nichts mehr zu verlieren. Auch wenn ihr bewusst war, dass ihr keine andere Möglichkeit blieb, war es inzwischen nicht nur der Gedanke an das Geld, das ihr diese Dienste einbringen würde, sondern auch der Reiz, dem sie sich schon jetzt nicht mehr entziehen konnte.

An diesem Abend wies Marguerite sie auch in das Geheimnis des Adressbuchs ein. Die Abkürzungen, z. B. W = Weiß, standen für die Farbe der Dessous, die der Kunde wünschte. Dann war mit einer Zahl der Zeitraum vermerkt, wie lange das Treffen in etwa dauern würde. Weil fast alle Kunden Stammgäste waren, hatte Josèphe es meistens genau planen können. Das letzte Kürzel stand für die Straße mit Hausnummer, in der das Treffen stattfinden würde. Marie kannte beispielsweise die aufgeführte Pfluggasse. Sie wusste, dass diese sich unmittelbar gegenüber der Hauptzentralbank in Paris befand. Sie war allerdings schon zu lange nicht mehr in der Stadt gewesen, als dass ihr die Hausnummer etwas sagen würde.

Das Gespräch mit Marguerite machte Marie noch einmal mehr Mut und so schrieb sie an diesem Tag die erste Nachricht.

Es war ein Herr Ende vierzig, Geschäftsmann, erfolgreich, vermögend und verheiratet. Letzteres durfte Marie keinesfalls nicht an sich heranlassen. »Ich bin nicht verantwortlich für das, was die Männer fernab ihres Berufs- und Familienlebens tun.« Diesen Satz versuchte sich Marie einzuprägen und wiederholte ihn immer wieder, während sie die Worte in ihr Handy tippte. Diskretion war unerlässlich, deshalb half ihr Marguerite beim Verfassen des Wortlauts ihrer ersten Nachricht:

Gerne dürfen Sie mich für Terminabsprachen kontaktieren. Grüße Rose#

Maries Herz pochte wie wild, als sie die Nachricht abschickte.

Rose war nun ihr Name, den bereits auch ihre Mutter als Decknamen benutzte. Er sollte ihr zusätzlichen Schutz bieten.

Wenige Minuten später vibrierte ihr Handy bereits.

#Gerne bestätige ich den Termin für diesen Freitag um sechzehn Uhr. Daten bekannt? M#

Der geschäftliche Ton machte es für Marie leichter und beruhigte sie für den Moment etwas.

#Daten bekannt. Termin bestätigt.#

Marie hielt sich an die Anweisungen ihrer Nachbarin, die Worte immer so zu wählen, als würde es sich um ein geschäftliches Treffen handeln.

In diesem Moment, als es unausweichlich wurde, als sie es sozusagen schwarz auf weiß hatte, kroch Angst in ihr hoch.

»Was war, wenn ihm nicht gefallen würde, was er sah oder noch schlimmer, wenn ich seine Wünsche nicht umsetzen konnte?« Bei dem Gedanken daran, dass sie nur hilflos herumstehen würde, wurde Marie ganz schlecht.

»Ich habe es dir versprochen, Mama«, ihr Blick richtete sich nach oben. »Und ich halte meine Versprechen«.

Die Tage bis zur ersten Verabredung zogen sich und Marie war es kaum möglich, an etwas anderes als an dieses Treffen zu denken. Immer wieder spielte sie im Gedanken alle möglichen Wendungen durch, die dieses Rendezvous mit sich bringen könnte. Um sich etwas abzulenken, beschloss sie, an den darauffolgenden Tagen die Gartenarbeit in Angriff zu nehmen. Zuerst etwas widerwillig merkte sie jedoch schnell, dass ihr diese Beschäftigung guttat und sie tatsächlich auf andere Gedanken brachte.

Gerade als sie die letzten abgestorbenen Triebe abschnitt, kam ihr Marguerite entgegen. Seit dem ersten Treffen war nun genau eine Woche vergangen, seitdem wurde die Beziehung zwischen ihnen immer enger.

»Bonjour, liebste Nachbarin«, grüßte Marie sie herzlich.

Marguerite erwiderte die Begrüßung. Langsam näherte sie sich den letzten Metern bis zum Gartenzaun, der von Tag zu Tag mehr von den Zweigen der Rosen überwuchert wurde. Sie fand gerade noch einen Platz für ihre Hände, ohne dabei von einem Dorn gestochen zu werden.

»Fleißig, fleißig, mein Kind«, wurde sie von ihrer Nachbarin gelobt.

»Ich bin dankbar für jede Art von Ablenkung«, erwiderte Marie.

Marguerite ging nicht näher auf diese Bemerkung ein. Ihr Interesse galt plötzlich den Rosen.

»Du musst sorgsam mit ihnen umgehen. Jede einzelne Blüte, die im Frühjahr hervorkommen wird, ist kostbar und von unschätzbarem Wert.«

Sie teilte die Leidenschaft für diese Blumen genauso wie Elaine und Josèphe.

»Es sind doch nur Blumen,« kaum hatte Marie die Worte ausgesprochen, entfuhr der alten Dame ein erzürntes Schnauben.

»Rosen sind viel mehr als das. Vor allem aber diese besondere Sorte.« Jetzt wurde Marie doch hellhörig.

»Warum, was hat es denn mit diesen Rosen auf sich?«

»Gerne würde ich dir mehr darüber erzählen, aber ich muss jetzt leider weiter. Ich habe noch einen Termin.«

»Aber Marguerite, du bist doch erst wenige Minuten da«, versuchte Marie sie zum Bleiben zu überreden. Doch ihre Bitte zeigte dieses Mal nicht die erwünschte Wirkung.

»Ein andermal.«

Marie hätte gerne mit ihr über das bevorstehende Treffen geredet. Doch vielleicht war es besser so. Sie wollte dieses Gefühlschaos erst einmal mit sich selbst ausmachen, bevor sie sich erneut jemand anvertraute. Trotzdem sehnte sie sich nach einem ausgiebigen Gespräch mit ihrer Freundin.

»Hast du Samstagmorgen Zeit für ein Frühstück?«

»Für dich immer, mein Kind, für dich immer«, dabei zwinkerte Marguerite ihr geheimnisvoll zu. Marie schaffte es nicht, ihrer Nachbarin auch nur einen Moment böse zu sein. Sie gönnte ihr das Vergnügen, das es ihr anscheinend bereitete, sie im Unwissenden zu lassen.

»Dann sehen wir uns am Wochenende«, dabei lächelte Marie und Marguerite tat es ihr gleich, ehe sie sich umdrehte und die Straße entlang weiterging.

Marie schaute ihr noch eine Weile nach. Dabei musste sie an Elaine denken. Wenn sie sich auch nicht mehr an ihre Großmutter erinnern konnte, so hatte sie aber genau dieses Bild von ihr in sich. Gerne hätte Marie mehr Zeit mit ihr verbracht, um sie kennen und lieben zu lernen. Doch diese Möglichkeit nahm man ihnen beiden. Als Elaine an plötzlichem Herztod starb, war sie fast noch ein Baby gewesen. Ihre Mutter stand damals da wie sie jetzt, verzweifelt und ohne jegliche Perspektive. Josèphe hatte sich ihrem Kind zuliebe wieder mit Elaine zusammengerauft, um gemeinsam unter einem Dach zu leben. Ihre Mutter betonte später immer, dass dieses Jahr, als sie alle drei im Elternhaus wohnten, jenes war, an welches sie sich am liebsten erinnerte. Das Haus war mit einem Mal so voller Leben und Großmutter blühte in ihrer Rolle als Oma auf wie ihre Rosen im Frühling.

Elaine könnte jetzt so sein wie Marguerite und ihre Mutter könnte, wäre sie selbst noch mit Josè zusammen und hätte Kinder bekommen, die Oma sein, die sie immer sein wollte. Die letzten Tage hatte Marie bewusst vermieden, an Josèphe zu denken, um dem Schmerz keinen Raum geben zu müssen. Nun war er aber mit einem Schlag wieder da und brannte sich in ihr Herz. Es war, als hätte ihre Mutter immer geahnt, dass sie dasselbe Schicksal wie Elaine ereilen könnte. »Genieße jeden Moment deines Lebens und tanze, als gäbe es kein Morgen«, diese Worte von ihr waren in Maries Gedächtnis hängen geblieben.

»Und genau das werde ich ab dem heutigen Tag tun.« Marie packte die Gartenutensilien zusammen und verstaute sie im Geräteschuppen. Dann ging sie ins Haus zurück und bereitete sich für den kommenden Tag vor.

Doch wie bereitet man sich auf eine Verabredung vor, für die man bezahlt wird? Am Abend zuvor legte sie sich die Unterwäsche zurecht. Zumindest diese Frage war damit geklärt. Sie würde das hautfarbene Set tragen. Darin fühlte sie sich am wohlsten, das erschien ihr für das erste Mal am wichtigsten.

Die Kleiderwahl hingegen verursachte ihr einiges Kopfzerbrechen. Unschlüssig stand sie vor ihrem Kleiderschrank und hielt sich ein Kleid nach dem anderen an ihren Körper.

Ihre Auswahl an schicken Abendkleidern hielt sich in Grenzen, außerdem schienen sie ihr für ein Treffen am späten Nachmittag nicht angebracht. Die restlichen Kleider jedoch waren zu sommerlich. Noch einmal griff sie in den Schrank und begutachtete jedes einzelne Stück darin. Marie ärgerte sich, dass sie bei all der Aufregung vergaß, sich neu einzukleiden. Was half ihr die sinnlichste Unterwäsche, wenn dafür der Rest nicht ansprechend war.

Langsam dämmerte ihr, dass sie hier wohl nicht das finden würde, wonach sie suchte. Unentschlossen, wie sie nun weiter vorgehen sollte, verließ sie den Raum und schlenderte nachdenklich zurück ins Badezimmer. Sie wollte gerade hineingehen, da fiel ihr Blick auf die Tür, hinter der sich das Zimmer ihrer Mutter befand. Für gewöhnlich war die Tür verschlossen, doch heute stand sie einen Spalt weit offen. Erst jetzt fiel ihr wieder ein, dass sie am Morgen das Fenster öffnete, um eine frische Brise hinein und den Mief hinauszulassen.

Sie betrat den Raum und ging zu dem Fenster, um es zu schließen. Als Marie sich umdrehte, stand sie genau vor dem großen Schrank mit dem Spiegel.

»Ich könnte doch…«, sollte sie wirklich für das erste Treffen ein Kleid ihrer Mutter wählen? War es wirklich angebracht, in ihre Kleider zu schlüpfen? Aber beinhaltete das Erbe nicht auch genau das? Wenn sie schon dasselbe Parfüm trug, dieselben Masken und sogar die Kunden übernahm, war es doch ein geringes Übel, auch eines ihrer Kleider anzuziehen.

»Dann wollen wir mal«, zuversichtlich öffnete sie den Schrank und griff zielstrebig nach dem roten Stoff, der ihre Figur so schön umschmeichelte. Wie schon am Vortag ließ sie es über ihren Körper gleiten und stellte erfreut fest, dass es nun dank der passenden Unterwäsche noch vorteilhafter wirkte. Zufrieden und ohne einen Funken Scheu setzte sie sich an Josèphes Schminktisch und trug die Tagescreme auf. Dann begann sie, sich zu schminken. Als sie fertig war und sich die Haare mit den Fingern zurecht zupfte, stellte sie zufrieden fest, dass es ihr gelungen war, eine graue Maus in eine sinnliche Frau zu verwandeln. Sie erhob sich vorsichtig, strich das Kleid glatt und ging aus dem Zimmer. Dabei warf sie im Vorbeigehen noch einen Blick in den Spiegel. Marie war sehr zufrieden mit dem, was sie dort sah. Dann verstaute sie das Parfüm, die Maske und das Notizbuch in ihrer Handtasche, zog die schwarzen Pumps an und machte sich auf den Weg zum vereinbarten Treffpunkt.

Obwohl es bereits Anfang Oktober war, sorgte strahlender Sonnenschein an diesem Tag für wohlige Wärme. Marie verzichtete deshalb auf eine Jacke. Außerdem war ihr inzwischen vor lauter Aufregung ganz heiß geworden. Sogar ihre Hände waren feucht und sie wischte diese im Auto mehrmals an einem Tuch, das sie eigentlich für andere Zwecke vorgesehen hatte, ab.

Die Fahrt dauerte nur wenige Minuten. Marie war froh darüber, dass auf den Straßen wie erwartet wenig los war, so konnte sie in Gedanken noch einmal alle möglichen Situationen durchspielen. Insgeheim hoffte sie ja, dass der Herr sich nur auf einen Kaffee und auf einen netten Plausch mit ihr verabredet hatte. Doch Marie wusste auch, wie sinnlos es war, noch weiter darüber nachzudenken. Ihr war klar, dass sie nicht im Geringsten wusste, worauf sie sich da eingelassen hatte und was sie erwartete. Deshalb drehte sie das Radio lauter und summte die Melodie mit, um die nervenzermürbenden Gedanken loszuwerden.

Das Lied ging gerade zu Ende, da war Marie auch schon am Ziel angekommen. Sie parkte in einer Seitenstraße in der Innenstadt, nur wenige Meter von der genannten Hausnummer entfernt. Marie war die letzten Monate kein einziges Mal nach Paris gefahren. Und auch mit Josè verbrachte sie die wenige Zeit, die sie zusammen wohnten, in ihrem Heimatdorf Chamarande. Früher war es ein Künstlerdorf gewesen, heute erinnerten nur noch die umliegenden Weinberge an die Zeit von damals. Bevor sie nach Josèphes Tod mit Josè wieder in ihre Heimat zog, wohnten sie in dem vier Stunden entfernten Saint-Malo an der Küste Frankreichs. Dort lebten viele ihrer Bekannten, zu denen sie aber kaum noch Kontakte pflegte. Die ersten Wochen nach ihrem Umzug telefonierten sie noch sporadisch, mit der Zeit wurde auch das immer weniger. Josè fuhr noch das ein oder andere Mal zurück, um Formalitäten wegen der Wohnung und der Bank zu klären. Marie aber wollte sich erst einmal in Ruhe zurechtfinden und zog es deshalb vor, in ihrem Elternhaus zu bleiben.

Ein gutes halbes Jahr ging das so, dann war Josè plötzlich verschwunden. Von einem Tag auf den anderen, ohne Vorwarnung und ohne ihr einen Brief mit einer Erklärung zurückzulassen. Es war der Tag, an dem sie sämtliche Drogerien in der Gegend abfuhr, weil sie auf der Suche nach Josèphes Parfüm war. Sie war besessen davon, es endlich zu finden. Sie hoffte, dass der Duft der Rose das Gefühl der Einsamkeit über den Verlust ihrer Familie wieder wettmachen konnte. Als sie dann traurig und enttäuscht darüber, weil sie es nicht fand, zurückkam, war das Haus leer. Josè hatte seine Koffer gepackt und war einfach weggefahren. Tage später rief eine ihrer damaligen Bekannten sie an und erzählte, dass er seinen Job nie gekündigt hatte. Es war vielmehr eine Auszeit, die er beantragte. Marie war traurig, aber noch größer war die Enttäuschung darüber, dass alle ihre vermeintlichen Freunde anscheinend davon wussten und ihr nichts erzählten. Dieser Vertrauensbruch riss ein großes Loch in ihr Herz. Bis heute fand sie nicht die Kraft dazu, sich mit ihnen auszusprechen. Seit diesem Tag war sie auf sich allein gestellt, bis zu jenem Tag, als ihr Marguerite wieder über den Weg lief.

Ein lautes Hupen riss Marie aus ihren Gedanken. Sie stand noch immer neben der verschlossenen Tür und hatte gar nicht gemerkt, dass die anderen Autos einen Bogen um sie fahren mussten. Eilig steckte Marie den Schlüssel in ihre Tasche und ging zu dem Gebäude, an dem in einem goldenen Schild die Hausnummer 13 eingraviert war. Das war also der Treffpunkt. Das Gebäude sah von außen aus wie ein Rathaus.

Somit war wohl auch die Hoffnung auf einen netten Kaffee zunichte gemacht.

Marie wollte gerade nach der eisernen Türklinke greifen, da hörte sie aus der Gegensprechanlage die Stimme einer Frau:

»Miss Rose?«

Marie räusperte sich. »Ja, das bin ich.«

»Sie werden bereits erwartet, bitte treten Sie ein.«

Jetzt erst bemerkte sie die Kamera, die seitlich der Tür angebracht war. Peinlich berührt und ohne etwas auf die Worte der Frau zu erwidern, öffnete sie die Tür und befand sich nun in einem prächtigen Eingangsbereich. Dieser war mit rotem Teppich ausgelegt und die Mauern waren mindestens vier Meter hoch. An den Wänden waren Gemälde abgebildet, die Frauen in verführerischen Posen zeigten und Männer, die diese mit ihren Blicken begehrten. Langsam schritt Marie zu dem Tresen, hinter dem eine zierliche Frau mit langen, blonden Haaren stand. Ihre makellose Figur steckte in einem engen, schwarzen Kleid, das ihren blassen Teint fast schon durchsichtig wirken ließ. Mit ihren spitzen Fingern, deren Nägel purpurrot lackiert waren, griff sie nach einem der Schlüssel, die an der Wand in einem kleinen Kästchen hingen, und legte ihn auf den Tresen.

»Guten Tag, Madame«, brachte Marie mühsam hervor und hörte sich bei Weitem nicht so selbstbewusst an, wie sie es sich vorgenommen hatte. Doch in Anwesenheit dieser Frau und im direkten

Vergleich kam sie sich hässlich und schrecklich voluminös vor.

Marie war drauf und dran, einen Rückzieher zu machen und auf der Stelle den Raum in Richtung Ausgang zu verlassen.

»Herzlich willkommen, Miss Rose. Ich werde Ihnen nun Ihren Bereich zeigen. Folgen Sie mir bitte«, fast schon flüsterte die Frau die Worte und glitt geschmeidig wie eine Raubkatze um den Tresen herum. Mit ihren langen Beinen schritt sie zielstrebig auf eine massive, dunkle Holztür zu.

Marie umklammerte fest ihre Handtasche. Nun siegte ihr Stolz und sie folgte der Frau. Die Tür gab den Blick auf einen langen Gang frei. Er war ebenso wie der Vorraum mit rotem Teppich ausgelegt, links und rechts davon reihte sich Tür an Tür aneinander. An der Decke hingen große Kronleuchter. Für Marie hatte es den Anschein, als würde sie sich hier in einem Schloss befinden. Sie hoffte inständig, dass das ein gutes Omen war und der Herr sich als ein Prinz und nicht als ein Frosch erweisen würde.

»Das Zimmer Nummer sechs ist für Sie reserviert. Monsieur M erwartet Sie in etwa einer halben Stunde.«

Marie musste schrecklich unbeholfen gewirkt haben, denn die Frau, die sich gerade abwenden und zurückgehen wollte, musterte sie noch einmal.

»Haben Sie keine Angst«, ihre Stimme wurde plötzlich weich und klang in keiner Weise mehr überheblich.

»In unserem Haus müssen Sie nichts tun, was Sie nicht wollen. Und Monsieur M ist wirklich ein Gentleman.«

»Sie kennen ihn?« Die Worte beruhigten sie etwas, dennoch war ihr immer noch mulmig zumute.

»Nein, wir kennen uns nicht. Wir begegnen uns, aber vergessen einander wieder.« Sie wandte sich ohne ein weiteres Wort von ihr ab und ging den Gang zurück.

Marie steckte den Schlüssel, den währenddessen die ganze Zeit in der Hand hielt, entschlossen in das Schloss und drehte ihn zweimal um. Dann öffnete sie die Tür und betrat den Raum. Nun gab es wirklich kein Zurück mehr.

Der Raum, in dem sich Marie nun befand, war ebenso wie die Empfangshalle sehr edel und geschmackvoll eingerichtet. Es stand eine kleine Couch, ein Schminktisch und eine Dusche darin. Außerdem waren Kleiderhaken an der Wand angebracht. Darunter eine Kommode, auf der sich Handtücher und ein Bademantel befanden. Langsam legte Marie ihre Tasche neben den Tüchern auf dem noch freien Platz des Schrankes ab und öffnete sie. Behutsam besprühte sie ihren Hals und die Handrücken mit dem Parfüm. Sofort machte sich dieser unverwechselbare Duft im Zimmer breit. Sie fühlte sich ihrer Mutter plötzlich sehr nah. Obwohl sie dieses Gefühl genoss, verdrängte sie es gleichzeitig, weil es ihr für diesen Anlass nicht angebracht erschien.

Der Gedanke an ihre Mutter hemmte sie. Marie schloss die Augen und atmete tief ein. Dann griff sie nach der Maske und schob sie sich über die Augen. Schon fühlte sie sich um einiges sicherer.

»Marguerite hat recht. Die Maske ist ein Schutz für meine Seele.« Sie fuhr sich mit den Händen durch die Haare, um sie aufzulockern. Dann rückte sie ihr Kleid zurecht und nahm auf der Couch Platz.

Ihr dämmerte es langsam, wo sie sich befand. Sie kannte aber solche Räume nur aus Zeitschriften, in denen sie manchmal bei einem Friseurtermin oder Arzttermin stöberte. Doch sie konnte sich nicht im Geringsten vorstellen, was nun weiter passieren würde.

Nervös zupfte sie an dem Kissen, das auf der Couch drapiert war. Das Warten machte sie schier wahnsinnig. Dabei sehnte sie sich nach einem Schluck des edlen Weines, der sich in ihrem Keller stapelte. Doch so sehr sie sich auch umsah, sie konnte kein alkoholisches Getränk entdecken, das sie zur Auflockerung dringend gebraucht hätte. Sie wollte sich gerade erheben, da klopfte es an der Tür, die sich gegenüber derjenigen befand, durch welche sie eingetreten war. Ihre Nervosität erreichte nun ihren Höhepunkt. Als sie die wenigen Schritte bis zur Zimmertür ging, hatte sie Angst, ohnmächtig zu werden.

Doch der Anblick des Monsieurs ließ sie aufatmen. Für seine Jahre wirkte er flott und unter seinem Anzug konnte Marie eine sportliche Figur erahnen. Ehe sie etwas zur Begrüßung sagen konnte, reichte er ihr bereits die Hand und hauchte ihr einen Kuss auf den Handrücken.

»Sehr erfreut, Rose.«, er hatte eine durchaus angenehme Stimme.

»Ebenfalls, Monsieur M«, Marie schaffte es, dass sie die Worte klar und selbstsicher aussprechen konnte. Sie hakte sich bei dem Herrn, der sie mit einer Handbewegung dazu aufforderte, unter und ließ sich von ihm führen. Monsieur M geleitete sie an den Tresen und bestellte das lang ersehnte Glas Sekt, das Marie auch gleich in einem Schluck austrank. Der Herr musterte sie dabei und lächelte.

»Sind Sie sehr nervös, Rose? «, wollte er wissen.

»Ja, um ehrlich zu sein, schon. Es ist das erste Mal, dass ich mich in solch einem Club befinde«, gestand sie ihm ehrlich.

Warum sollte sie es leugnen? Es war offensichtlich, dass sie noch keine Erfahrungen in dieser Richtung gesammelt hatte.

Die Bedienung reichte ihr ein zweites Glas. Dieses Mal nippte sie nur kurz daran, ehe sie es wieder abstellte.

»Ich verlange nichts von Ihnen. Ich wünsche mir einfach nur einen netten Abend, bei dem alles erlaubt ist, aber nichts muss.«

Marie nickte erleichtert. Der Herr begann nun, über seinen Job als Bankmanager zu erzählen und über seine Hobbys, die er zum Ausgleich pflegte. Marie war dankbar über diese Art von Unterhaltung und wurde allmählich lockerer.

Irgendwann aber steuerte er das Gespräch wieder in eine andere Richtung.

»Hier ist das Publikum sehr exklusiv«, sein Blick fiel dabei auf die Personen im Raum, deren Anzahl in der Zwischenzeit stark angestiegen war.

»Es trifft sich hier nur die Creme de la Creme der Oberschicht.«

Durch die Masken, die jeder trug war, es nicht möglich, einen Blick auf die Gesichter zu erhaschen. Aber die noblen Gewänder, welche die Frauen schmückten und die edlen Anzüge der Herren reichten Marie aus, um sich ihr eigenes Bild zu machen. Da Marie von der Art des Monsieurs immer mehr angetan war, hatte sie sie nicht mitbekommen, dass sich der Raum immer mehr gefüllt hatte und es langsam ungemütlich wurde. Er erriet ihre Gedanken und sie beschlossen, in einen anderen Raum zu wechseln.

Nach ein paar Schritten machte der schmale Gang eine Kurve und öffnete sich in einen in Rottönen eingerichteten Raum. Auch hier gab es einen Tresen. Zusätzlich waren noch mit schwarzem Leder bezogene Nischen vorhanden. Eine junge, hübsche Frau in einem roten Kleid kam ihnen entgegen und begrüßte sie freundlich. Dann führte sie die beiden durch eine Tür einen weiteren Gang entlang, der wiederum in einen etwas größeren Raum mündete. Er war ähnlich eingerichtet wie der davor, nur waren hier schon einige Personen anwesend. Marie musterte die anwesenden Damen und Herren. Sie waren teilweise nur leicht bekleidet und saßen gruppenweise auf bequemen Sofas, wobei sie sich küssten und berührten.

»Wir befinden uns jetzt im exklusivsten Bereich, der nur den Reichsten vorbehalten ist.«

Marie war sprachlos. Das hier übertraf ihre Erwartungen bei Weitem. Sie griff nach dem Glas Champagner, das ihnen angeboten wurde, und ließ sich von Monsieur M an die Bar geleiten. »Die Frauen hier sind alle Schauspielerinnen, Juristinnen aber auch Ehefrauen.«

Er sprach leise, doch das letzte Wort hob er hervor.

»Sie kommen mit ihren Männern her oder aber auch ohne sie.«

»Wie kann man in einer Ehe nur so tolerant sein?«, bohrte Marie nach. Sie hätte es sich nicht vorstellen können, dass sie einmal mit Josè in solch einen Club gegangen wäre. Ihn dabei zu beobachten, wie er andere Frauen berührte, wäre für sie undenkbar gewesen.

Monsieur M erriet ihre Gedanken.

»Je mehr Geld man besitzt, desto toleranter werden die Leute.«

»Und weiter?«, forderte Marie ihn auf, mehr zu erzählen.

»Nehmen wir einmal die Frau im engen, dunkelgrauen Kleid dort, die sich gerade mit einer anderen Frau vergnügt.«

»Die da drüben?« Marie deutete mit dem Kinn zaghaft in die Richtung.

»Sieh nicht direkt zu ihr hin. Aber ja, genau die meine ich. Sie hat nichts, außer einen der reichsten Männer in der Gegend. Im Falle einer Scheidung würde sie womöglich leer ausgehen. Deshalb zieht sie es vor, ihren Mann bei Laune zu halten. So haben beide etwas davon.« Marie nickte nur zustimmend. Sie hatte verstanden.

Während sie ein zweites Mal vom Glas trank, bemerkte sie plötzlich, wie eine Hand von hinten auf ihren Oberschenkel glitt. Jemand küsste sie zärtlich im Nacken. Monsieur M nahm Marie das Glas, das in jenem Moment zu fallen drohte, aus der Hand und stellte es ab. Dann legte er seine Hand auf ihre und rückte noch ein Stück näher an Marie heran. Er berührte mit der anderen Hand ihr Kinn und begann, sie zu küssen. Immer noch unwissend darüber, wer sich hinter ihr befand, ließ sich Marie einfach treiben. Sie fühlte die Lippen auf ihrer Haut und Hände, deren Anzahl sie sich nicht mehr bewusst war. Nur einen einzigen Moment lang dachte Marie, dass sie hier nicht allein waren, dann aber blendete sie ihre Umgebung komplett aus und genoss das, was gerade passierte, in vollen Zügen. Monsieur M schob ihr Kleid zur Seite, während die Person hinter ihr anfing, ihre Brüste zu massieren. Alles Weitere nahm sie wie im Rausch wahr. Sie ließ sich forttragen von einer Welle aus Lust und Leidenschaft. Ihr ganzer Körper bebte und Schweißperlen bildeten sich auf ihrem Gesicht. Sie spürte plötzlich das Verlangen, die unbekannte Person ebenfalls zu küssen. Sie drehte ihren Kopf zur Seite und fand zu ihrer Verwunderung eine Frau vor. Die Maske ließ nur einen Blick auf ihre wunderschönen, blauen Augen und den sinnlichen Mund zu. Marie griff mit der einen Hand nach ihrem Hinterkopf und zog ihn zärtlich heran. Dann küssten sie sich und Marie vergaß alles um sich herum.

Nachdem ihr die Unbekannte noch einen Kuss auf die Lippen drückte, erhob sie sich nach einiger Zeit und verschwand aus dem Raum.

Erschöpft nahm Marie einen Schluck und merkte dabei, wie Monsieur M sie mit amüsiertem Blick beobachtete.

»Es scheint Ihnen Spaß zu machen?« Peinlich berührt durch seine Worte, musste Marie aber zugeben, dass es ihr wirklich Vergnügen bereitet hatte.

»Sehr, ich freue mich auf eine Wiederholung.« Erfreut sah er sie an. »Gerne. Ich kann jeden Freitag um dieselbe Zeit zwei Stunden entbehren. Wenn Sie das einrichten könnten? «

»Selbstverständlich«. Dann brachte er Marie in ihre Garderobe und verabschiedete sich höflich, wie es bei einem Geschäftstermin üblich war. Bevor er ging, reichte er ihr noch einen Umschlag mit Geld, den er aus seinem Jackett zog. Marie hielt es nicht für angebracht, gleich nachzuzählen. Sie verließ sich auf ihr Gefühl, das ihr sagte, dass sie diesem Mann vertrauen konnte.

Als die Tür ins Schloss fiel und sie allein war, spürte sie erst, wie ausgelaugt ihr Körper war.

Marie, die sich vor wenigen Minuten noch so wohl fühlte, hatte plötzlich das dringende Bedürfnis, sich unter die Dusche zu begeben. Sie überkam Scham und Furcht vor ihrem eigenen Körper und vor sich selber, weil sie es nie für möglich hielt, dass sie zu so etwas fähig war. Aber so sehr sie auch an sich rubbelte, das Gefühl wollte einfach nicht weichen. Es haftete an ihr wie der Duft des Parfüms.

Sie verließ das Gebäude mit der Erkenntnis, dass sie von nun an nie mehr die Person sein würde, die sie noch vor wenigen Stunden war. Sie fühlte, wie dieses eine Erlebnis ihre Einstellung und ihr Gefühl zum eigenen Körper völlig veränderte. Im Auto angekommen, notierte sie sich sorgfältig die nächsten Termine in dem Notizblock, den ihr ihre Mutter vermacht hatte. Dann ließ sie den Motor an und fuhr nach Hause.

Marie konnte kaum glauben, dass es erst neunzehn Uhr war, als sie ihr Haus betrat. Erschöpft schlüpfte sie aus den Schuhen. Während sie in das Wohnzimmer ging, streifte sie sich ihre Tasche ab und warf diese über die Lehne der Couch. Dann ließ sie sich darauf nieder und schloss die Augen. Ehe sie ernsthaft über die Ereignisse nachdenken konnte, war sie bereits eingeschlafen.

Als sie erwachte, war es dunkel und es dauerte einen Moment, bis sich ihre Augen an die Finsternis gewöhnten. Dann sah sie den Grund, der für ihr Erwachen verantwortlich war: Sie war so müde gewesen, dass sie vergaß, sich zuzudecken. Die Decke lag noch immer zusammengefaltet am anderen Ende. Marie war zu bequem dafür, die Treppe hinauf ins Bett zu gehen, deshalb beschloss sie, auf dem Sofa weiterzuschlafen. Sie griff nach der Decke, zog sie über sich und sank erneut in einen tiefen Schlaf.

Marie drehte das Fläschchen mit Josèphes Duft um und der letzte Tropfen des kostbaren Inhalts sank zu Boden. Entsetzt riss sie ihre Augen auf und versuchte, mit der anderen Hand, ihn einzufangen. Vergeblich, schon traf er auf den kalten, schmutzigen Boden auf und von dem Tropfen war nichts mehr zu sehen. Von Panik gepackt, kniete sie sich nieder und hielt vergebens nach ihm Ausschau. Mit ihren Händen glitt sie über den Untergrund und hoffte, sie könnte so den Duft noch einfangen. Doch ihre Hände rochen nach nichts.

»Marie, was machst du da?« ließ eine Stimme sie hochschrecken. Marguerite ging durch das Tor in den Garten und beobachtete sie. »Das Parfüm, es ist leer!« Tränen der Verzweiflung stiegen ihr in die Augen. »Es war doch das Einzige, was mir noch geblieben ist.«

»Beruhige dich, mein Kind.« Sie kam zu ihr und zog sanft an ihr. Marie raffte sich langsam auf und blickte ihr in die Augen. »Nun habe ich nichts mehr. Kein einziger Tropfen ist mir geblieben.«

»Aber Marie, schau doch um dich.« Hoffnungsvoll richtete sie ihren Blick auf den Garten. »Ich sehe nichts«, sagte sie traurig und die Hoffnung verflog so schnell wie sie gekommen war. »Siehst du denn nicht die Rosen?«

»Ja, aber .. «Marie war verwundert über die Aussage ihrer Nachbarin. Sie streckte ihre Hände aus und versuchte, nach ihnen zu greifen. Es fehlte nur noch ein winziges Stück. Doch noch bevor er ihr gelang, sie zu

fassen, krachte es fürchterlich und Marie erwachte erschrocken.

Verwirrt richtete sie sich auf. Wo waren nur all die Rosen und warum war es plötzlich so dunkel? Erst langsam dämmerte ihr, dass sie sich im Wohnzimmer befand. Sie schob die Decke beiseite und ging zum Lichtschalter.

Die Helligkeit holte sie zurück in die Realität und sie begriff, dass sie geträumt haben musste. Ihr Blick auf die Uhr bestätigte ihre Vermutung, es war mitten in der Nacht. Marie beschloss nun doch, in ihr Schlafzimmer zu gehen. Sie sehnte sich nach dem weichen Bett und hoffte, dass sie darin ruhiger schlafen würde. Und tatsächlich fand sie dort den erholsamen Schlaf, den sie so dringend nötig hatte.

Als sie die Augen wieder aufschlug, schien die Sonne bereits durch das Fenster. Marie streckte sich und konnte es kaum erwarten, die frische Herbstluft einzuatmen. Sie schwang ihre Beine aus dem warmen Bett und ging zum Fenster, um es zu öffnen. Die kalte Luft strömte ihr entgegen und schärfte ihre Sinne. Und mit einem Mal fiel ihr wieder ein, was sie am gestrigen Abend getan hatte. Unmittelbar danach war es ihr wie ein Traum erschienen. Doch jetzt, da sie eine Nacht darüber geschlafen hatte, traf sie die Erkenntnis darüber, dass diese Person wirklich sie selbst war, wie ein Schlag ins Gesicht. Diese Tatsache und die

Kühle ließen sie frösteln, daher schloss sie das Fenster wieder und ging hinunter in die Küche.

Die erste Tasse Kaffee trank sie in wenigen Schlucken aus. Für die zweite nahm sie sich mehr Zeit und ging damit hinauf in Josèphes Zimmer.

»Wenn du doch nur da wärst.« Traurig musterte Marie die Gegenstände, die immer noch so dastanden, als wäre ihre Mutter eben nur schnell zum Einkaufen gefahren und müsste jeden Moment zurückkommen. Marie nippte an ihrem Kaffee. Plötzlich kam ihr in den Sinn, dass sie sich am Tag zuvor ja vornahm, ihren Kleiderschrank auszumisten. Sie wollte bei ihrer nächsten Verabredung nicht wieder an der Kleiderwahl scheitern.

»Vielleicht stehen mir die anderen Kleider ja auch«, hoffte Marie und begann aufgeregt, wie ein kleines Kind, jedes einzelne Gewand anzuprobieren. Und zu ihrem Erstaunen passten sie ihr ebenso gut wie das rote Kleid. Marie fand großen Gefallen daran und vergaß darüber völlig die Zeit. Irgendwann, als das Telefon bereits zum dritten Mal läutete, war ihr Interesse endlich geweckt. Sie eilte die Treppe hinunter und griff zum Gerät.

»Marie Poissonnier.«

»Hallo, hier ist Marguerite.« Marie hätte sie auch erkannt, ohne dass sie ihren Namen nannte. Im selben Moment fiel ihr ein, dass sie verabredet waren.

»Oh, es tut mir leid. Ich habe dich total vergessen«, gestand Marie.

Marguerite brannte darauf, alle Einzelheiten des gestrigen Termins zu erfahren, überspielte ihre Neugierde aber gekonnt. »Dann ist ja alles gut, ich habe mir schon Sorgen gemacht.«

»Das brauchst du nicht, es geht mir gut. Ich beeile mich und bin in einer viertel Stunde bei dir. «

»In Ordnung« und schon hängte Marguerite ein. Marie fand es unmöglich, dass sie immer ohne einen Abschiedsgruß einfach auflegte. Sie wollte gerade noch etwas erwidern, da war es schon zu spät und sie stellte das Telefon zurück in die Aufladestation. Erst jetzt bemerkte sie, dass sie ja noch immer ein Kleid von Josèphe trug. Sie hüpfte rasch die Treppe hoch und tauschte es gegen eine bequeme Jeans und einen schwarzen Pullover. Dann kämmte sie sich und band ihr störrisches Haar zu einem Zopf zusammen.

»Jetzt aber schnell«, ermahnte sie sich selbst. Marie wollte ihre Nachbarin nicht noch länger warten lassen.

Und Marguerite erwartete sie schon ungeduldig. Maries Finger hatte die Glocke noch nicht berührt, da wurde ihr schon die Tür geöffnet.

»Komm herein.« Sie führte Marie in die Küche und bat sie, Platz zu nehmen. Kaum war die Besucherin ihrer Aufforderung nachgekommen, ließ Marguerite sich ebenfalls auf dem Platz neben ihr nieder.

»Wie war das Treffen?«, fragte sie ganz gespannt.

Dann begann Marie, ihr alles genau zu erzählen. Und mit jedem Wort wurde das Funkeln in den Augen stärker und die Röte auf Marguerites Wangen tiefer.

»Ich liebe diese Geschichten«, sie stieß einen Seufzer aus, als Marie am Ende angelangt war. »Elaine und Josèphe erzählten mir auch immer davon. Und ich liebte es, wenn sie mir jedes Detail berichteten. Auch wenn ich mich nie trauen würde, Ähnliches auszuprobieren, genoss ich es immer in vollen Zügen, ihren Erzählungen zu lauschen.« Dann wandte sie sich direkt an Marie.

»Wie hat es dir selbst gefallen, mein Kind? «

»Zu Beginn war es ungewohnt und fremd. Aber jetzt kann ich das nächste Treffen kaum noch erwarten.«

»Dann ist es gut. Sie wären stolz auf dich.«

Maries Blick richtete sich auf ein Bild, das an der Wand hing. Es zeigte ihre Mutter, wie sie Rosenblätter abzupfte und in einen Korb legte. Josèphe war auf dem Bild gerademal zehn Jahre alt, schätzte Marie. Als sie die Rosen sah, kam ihr plötzlich der Traum von letzter Nacht wieder in den Sinn.

»Ich habe gestern geträumt, dass ich den letzten Tropfen von Mutters Parfüm verschüttet habe.«

Der Ausdruck in Marguerites Gesicht änderte sich daraufhin und wurde ernst.

»Irgendwann einmal werde ich dir erzählen, was es mit den Rosenblättern auf sich hat. Ich bitte dich nur noch um etwas Geduld.« teilte sie Marie mit.

»Aber ich verstehe nicht, warum du daraus ein Geheimnis machst«, Maries Stimme wurde anklagend.

»Was muss ich denn noch tun, um die ganze Wahrheit zu erfahren? Ich habe ein Recht darauf. Es ist meine Familie gewesen, wenn es irgendetwas mit meiner Mutter zu tun hat, musst du es mir sagen.« Die Worte zeigten die gewünschte Wirkung. Marguerites Falten vertieften sich durch das Runzeln der Stirn.

»Du hast recht. Komm mit.« mit diesen Worten stand sie auf, Marie erhob sich ebenfalls.

Dann gingen sie ins Wohnzimmer und blieben vor dem Bild, das Marie beim letzten Besuch betrachtete, stehen.

»Elaine liebte Blumen schon immer. Deshalb sorgte es nicht für große Verwunderung, dass sie Floristin wurde. Aber vor allem diese Blume hatte es ihr angetan. Oft sagte sie, dass sie sich selbst wie eine Rose fühlte, sanft, doch gleichzeitig konnte sie sehr verletzend sein. »Verletzend? Wie meinst du das?«

»Elaine war eine starke Persönlichkeit, die keine Widerworte duldete. Ich persönlich glaube, dass sie deshalb ihr Mann verlassen hat. Aber immer, wenn ich davon anfing, wich sie mir aus.«

Marie merkte, dass auch Marguerite vom Thema abkam, und unterbrach sie:

»Und was war jetzt mit den Rosen?«

»Ja, genau. Es war an einem Frühlingstag. Wir saßen beide im Garten auf der Bank, die noch immer dort steht.« Sie hielt einen Moment inne.

»An diesem Tag duftete es herrlich nach Rosen. Elaine konnte von diesem Duft nicht genug bekommen. Sie pflückte deshalb oft die Rosenblätter ab und legte sie zum Trocknen in die Sonne. Dann füllte sie alles in Gefäße und stellte diese überall im Haus auf. Doch der Duft verlor durch das Trocknen an Intensivität und war nach ein paar Tagen stets verflogen. Deshalb fragte sie mich eines Tages, ob es mir gelingen würde, den Duft einzufangen.«

»Wie, den Duft einfangen?« Marie war verwirrt über diesen Wunsch.

»Nun ja, ich arbeitete zu diesem Zeitpunkt bereits seit ein paar Jahren in der Parfümerie. Dort betrieben wir auch ein kleines Labor, in dem der Chef manchmal mit Düften experimentierte. Er machte das aus reiner Neugier, ließ mich aber dabei zuschauen, wenn im Geschäft nicht viel los war.«

»Und du konntest ihr diesen Wunsch erfüllen?«

»Ja, aber es hat Jahre gedauert, bis es mir gelungen ist.«

»Und daraus ist dieses einzigartige Parfüm entstanden? «

Andächtig betrachtete Marie die Flaschen mit den Flüssigkeiten, die ihr gestern noch ein Rätsel waren.

»Richtig. Und daraus entsteht es immer noch.«

Marie schaute ihre Nachbarin erstaunt an. »Sag nicht, dass du es immer noch herstellst?«

»Aber natürlich, mein Kind. «

»Zeig mir, wie das geht«. Marguerite lachte, als Marie diesen Wunsch äußerte.

»Das ist eine Kunst für sich. Elaine und auch Josèphe haben es mehrmals versucht, aber es gelang ihnen nicht annähernd. Es ist eine Gabe, die dir in die Wiege gelegt sein muss. So wie es eine Gabe ist, andere zu verführen. Wir können es gerne einmal versuchen, aber bitte sei nicht enttäuscht, wenn es nicht funktioniert.«

»Ich bin sicher, das wird es.« Marie war davon überzeugt, dass es ihr gelingen würde.

»Dann lass es uns probieren. Aber nicht heute, Marie. Ich bin zu erschöpft und ich würde lieber noch eine Weile mit dir plaudern.« Diesen Wunsch wollte Marie ihr nicht abschlagen.

»Komm, setzen wir uns. Ich habe mir für den restlichen Tag nichts vorgenommen. Ich habe also Zeit, alle Zeit der Welt.« Marguerite drückte dankbar ihre Hand und sie nahmen auf der Couch Platz.

Marie blieb noch lange. Sie redeten und lachten viel. Als es Abend wurde, meldete sich der Hunger und sie zauberten sich aus den Gemüseresten in Marguerites Kühlschrank einen fabelhaften Eintopf. Dann trat Marie müde, aber satt und zufrieden den Heimweg an.

Den ganzen Sonntag verbrachte Marie damit, alle Rechnungen zu öffnen und zu sortieren. Sie füllte sämtliche Überweisungsscheine aus und legte sie auf den Tisch. Diese Tätigkeit dauerte bis in den späten Nachmittag. Beim Zusammenräumen überlegte sie, dass sie weitere Kunden brauchen würde, um weiterhin alle Rechnungen zahlen zu können. Sie ging in ihr Schlafzimmer und zog die Schachtel unter ihrem Bett hervor. Dann nahm sie das Notizbuch und blätterte darin. Sie war sich unschlüssig, welchen der Herren sie eine Nachricht schicken sollte. Da erregte ein Eintrag, der als einer der Letzten hinzugefügt wurde, ihre Aufmerksamkeit:

Adaliz, 49, VL3, Di 20:00, Palacepark 19

Das Besondere an dieser Notiz war, dass es die Einzige war, in welcher der Name ausgeschrieben war. Maries Neugierde war geweckt und sie zögerte nicht, als sie ihr Handy nahm und den Text eintippte:

#Ich bestätige den Geschäftstermin für Dienstag um 20:00 und werde Sie am vereinbarten Treffpunkt erwarten. R.#

Erleichtert legte Marie das Handy beiseite, ohne abzuwarten, bis sie eine Nachricht erhielt. Obwohl es erst das zweite Mal war, fühlte sie sich sicher, bei dem was sie tat. Bevor sie in ihr Zimmer ging, warf sie noch einmal einen Blick darauf. Es blinkte das ersehnte Symbol auf, die Antwort lautete:

#Guten Tag, R. Ich bestätige hiermit den Termin. Adaliz#

Erfreut darüber, dass sie für die kommende Woche bereits zwei Termine vorweisen konnte, beschloss sie, früher schlafen zu gehen. Sie wollte morgen früh gleich in die Bank, um sich endlich von der Last der Schulden zu befreien.

Sie schaffte es am nächsten Tag tatsächlich, als eine der Ersten dort zu sein. Der Umschlag mit dem Geld und der Stapel mit den Überweisungen befanden sich in ihrer Tasche. Am Schalter begrüßte sie freundlich ein junges Mädchen.

»Guten Morgen, Madame. Wie kann ich Ihnen helfen?«

»Ich würde gerne Geld einzahlen und Rechnungen begleichen«, mit diesen Worten reichte sie ihr die Kuverts.

»Gerne«, die Angestellte nahm sie entgegen und tat, worum Marie sie bat, ohne ihre Miene zu verziehen oder sie nach der Herkunft des Geldes zu fragen.

»Es ist ihr Job, genauso wie es mein Job ist, Männern schöne Stunden zu bereiten«, dachte sich Marie und beobachtete sie weiter, während sie das Geld zählte.

»Wenn Sie mir hier noch bitte unterschreiben würden.« Mit diesen Worten reichte sie ihr den Einzahlungsbeleg.

Dann hatte Marie es schon hinter sich gebracht und sie schritt, von dieser Sorge befreit, frei und federleicht aus der Bank und trat den Heimweg an.

Den Rest des Tages verbrachte sie erneut damit, die Rosen zu pflegen.

Während sie den Boden unter ihnen auflockerte, glitt ihr Blick über den Rasen. »Er muss unbedingt noch geschnitten werden, bevor es zu schneien anfängt.« Sie unterbrach für einen Moment ihre Beschäftigung und betrachtete den Rest. An allen Ecken sprossen Löwenzahn und Unkraut hervor. Die Bank, die mitten im Rasen stand, war von der Sonne ausgeblichen und wirkte dadurch alt und morsch. Die Grashalme ragten bereits durch den alten, braunen Zaun hinaus auf den Gehweg, der an ihrem Haus entlang führte. Sie konnte sich die Tatsachen nicht schönreden – er befand sich in einem schrecklichen Zustand. Doch es würde Tage dauern, wenn nicht sogar Wochen, um ihn wieder auf Vordermann zu bringen.

»Was habe ich die letzten Monate, seit Mutters Tod eigentlich gemacht? Und was hat Josè eigentlich in den wenigen Stunden, die er bei mir verbrachte, am Haus getan.« Marie dachte angestrengt nach.

Doch so sehr sie auch ihre lahmen Gehirnzellen anstrengte, ihr fiel nichts Sinnvolles ein. Jeden Tag schlich sie durchs Haus und schwelgte dabei in den Erinnerungen der Vergangenheit.

Die Realität hatte sie zuletzt ganz aus den Augen verloren. Kein Wunder … Die Situation mit Josè war ihr mit einem Mal wieder gegenwärtig.

»Ich habe nicht gemerkt, wie er sich mehr und mehr von mir und der Trauer, die mich umgab, distanziert hat. Hatte er eigentlich eine Chance auf eine gemeinsame Zukunft mit mir, wo ich doch so

mit mir selbst beschäftigt war?« Traurig beobach-
tete Marie die letzte Rosenblüte, die sich im
Herbstwind von einer Seite auf die andere neigte.
Es hatte den Anschein, als schüttelte sie ihren
Kopf. Für Marie war die Antwort klar.

»Ich habe ihm keine Wahl gelassen.« Marie sehnte
sich mit einem Mal nach Josè. Oder war es nur das
Gefühl, von jemand in den Arm genommen zu
werden, das sie vermisste? Sie dachte zurück an
ihre erste Verabredung und daran, wie begehrt sie
sich in diesem Moment gefühlt hatte. Dieser Augenblick wog weit mehr als die Einsamkeit, die sie
nun fühlte.

Um nicht weiter darüber nachzudenken, widmete
sie sich wieder der Gartenarbeit.

Marie entfernte die abgefallenen Blüten und
legte sie in den eigens dafür aus dem Keller be-
förderten Eimer. Dann stutze sie die Pflanzen mit
der Gartenschere, die sie in dem Bretterverschlag
hinterm Haus fand. Dem wuchernden Unkraut
würde sie an einem anderen Tag zu Leibe rücken.

Die Zeit verflog im Nu. Und je länger sie sich
den Blumen widmete, desto mehr Gefallen fand
sie daran. Es dämmerte bereits, als sie glücklich
darüber, am heutigen Tag in vielerlei Hinsicht für
Ordnung gesorgt zu haben, das Haus betrat. Marie war zu müde, um sich noch etwas zu kochen.
Deshalb nahm sie eine Scheibe Brot vom Vortag,
bestrich sie mit frischer Butter und aß es, während
sie die Treppe hinauf in das Badezimmer ging.

Die Erde klebte noch unter ihren Fingernägeln. Das hinderte sie aber nicht daran, zuerst das Brot zu essen, bevor sie sich wusch. Die Unterwäsche für die morgige Verabredung legte sie auf die Kommode, ehe sie sich ihren bequemen Schlafanzug anzog. Dann sank sie müde ins Bett und war nach wenigen Minuten eingeschlafen.

Marie schlief so lange und tief wie schon seit Wochen nicht mehr. In dieser Nacht erwachte sie kein einziges Mal. Als sie wach wurde, strahlte die Mittagssonne bereits durchs Fenster. Sie hatte sich bis zum Abend nichts vorgenommen, außer im Haus Selbiges zu tun wie tags zuvor im Garten. Trotzdem würde genügend Zeit bleiben, um zu faulenzen und sich über den Abend Gedanken zu machen.

Es war schon nach sechzehn Uhr, als Marie die Treppe hinauf in das Bad stieg. Zuerst zog sie die am Tag zuvor ausgesuchte Wäsche an, gefolgt von einem schwarzen Kleid mit tiefem Ausschnitt. Dazu passend trug sie elegante, schwarze Pumps. Die Haare steckte sie locker hoch, damit ihre großen, goldenen Ohrringe gut zur Geltung kamen. Das Wetter war mittlerweile der Jahreszeit entsprechend kühl, deshalb wählte Marie einen Mantel, der ihr bis über die Hüfte reichte. Mit Wohlgefallen betrachtete sie sich im Spiegel, bevor sie die Treppe hinunter ging. Dann schnappte sie sich noch ihre Tasche und zog die Tür hinter sich zu.

Dieses Mal dauerte die Fahrt etwas länger als eine halbe Stunde und führte sie an den Stadtrand von Paris. Als sie ihr Auto parkte, sah sie bereits das Gebäude. Es wirkte mit seinen geschnörkelten Umrandungen genauso wie das andere, unscheinbar und wie ein öffentliches Gebäude. Zügig schritt Marie auf die Tür zu und drückte den Knopf, ihre Augen suchten gleichzeitig nach der Kamera, die sie irgendwo in der Nähe vermutete. Und tatsächlich war auch hier, nicht unweit des Eingangs, eine angebracht. Eine Stimme ertönte: »Ja bitte.«

Maries Blick hielt der Kamera stand.

»Mein Name ist Rose. Ich habe einen Termin mit Monsieur Adaliz.«

Der Türöffner summte und Marie drückte dagegen.

Doch der Raum, den sie betrat, war leer. Nur ein brauner Teppich bedeckte den Boden und ein großer Kronleuchter zierte die Decke. Drei Türen grenzten an den Raum. Aus einem davon erklang leise, klassische Musik. Marie war sich unsicher, ob sie einfach durch diese Tür hindurchgehen sollte. Und obwohl sie das Verlangen danach verspürte, hielt ihre Unsicherheit sie zunächst davon ab. Sie wartete, doch es erschien niemand, um sie in Empfang zu nehmen. Nach einigen Minuten beschloss Marie, doch eine der Türen zu öffnen. Sie nahm die Maske aus der Tasche und setzte sie auf. Dann ging sie zielstrebig zu der Tür, aus der sie die Töne vernahm.

Vorsichtig öffnete sie die Tür einen Spalt weit und spähte hinein. Ihr bot sich der Anblick eines riesigen Ballsaales. An jeder Seite waren runde Tische aufgestellt, an die sich Stühle mit feinen, weißen Hussen reihten. Sie waren gedeckt mit edlem Geschirr, in dem sich das Licht der prächtigen Leuchten an der Decke spiegelte. Marie atmete noch einmal tief durch, bevor sie durch die Tür schritt. Die Veranstaltung war gut besucht, aber nicht überfüllt. Sie fühlte sich unsicher und befürchtete, dass ihr dieses Gefühl anzusehen war. Während sie langsam weiterging, betrachtete sie die umstehenden Menschen.

Sie standen in Gruppen zusammen und sprachen angeregt miteinander. Zögernd näherte sie sich einer Gruppe, die aus drei Frauen und einem Mann bestand. Sie lachten und berührten einander wie zufällig am Arm oder an der Schulter. Diese Personen zogen sie geradezu magisch an. Sie sah wie der Mann, Marie schätzte ihn auf etwa fünfzig, die Frau neben ihm an sich drückte. Sie mochte kaum älter sein als sie, trotzdem gaben sie ein schönes Paar ab. Marie hatte anfangs Bedenken wegen des Altersunterschiedes. Doch sie begriff allmählich, dass junge Männer nicht die Reife und meistens auch nicht das nötige Kleingeld besaßen, um diese Dienste in Anspruch nehmen zu können. Und wider Erwarten störte es sie nicht, im Gegenteil. Sie fühlte sich in dieser Gesellschaft wohler als früher mit Josè und den gemeinsamen Freunden. Alle in ihrer damaligen Clique waren um die dreißig gewesen. Sie diskutierten oft über Belangloses oder lachten über sinnlose Videos, die im Netz verbreitet wurden. Marie fühlte sich damals oft wie ein Fremdkörper, als würde sie nicht dazugehören. Sie konnte dieses Gefühl nie zuordnen, doch jetzt begriff sie von Tag zu Tag mehr, dass das nie ihre Welt gewesen war. Hier, unter diesen fremden Menschen, die herausgeputzt waren und sich vornehm benahmen, fühlte sie sich so akzeptiert, wie sie war.

Ein Mann, der Marie im Vorbeigehen aus Versehen anrempelte, riss sie aus ihrer Träumerei.

»Kann ich Ihnen behilflich sein, Madame?« Unter jungen Leuten wären hier höchstens die Worte »Ups, 'tschuldigung« oder auch nur »Sorry« gefallen. Marie gefiel die vornehme Art, mit der sich die Menschen in gehobenen Kreisen auszudrücken wussten.

»Guten Abend. Ich bin auf der Suche nach Adaliz.« Ihr Gegenüber lachte. Er wollte gerade etwas auf ihre Frage erwidern, da betrat jemand die Empore, auf der gerade noch musiziert wurde. Mit einem Klopfen an das Mikrofon machte er deutlich, dass er um Ruhe bat. Diese kehrte auch schlagartig ein.

»Sehr geehrte Damen, sehr geehrte Herren. Es freut mich, dass Sie alle zum alljährlichen Jahresabschlussball erschienen sind. Im Namen des Vorstandsgremiums begrüße ich sie recht herzlich.«

Marie war so fasziniert von der Stimme, dass sie gar nicht mehr wahrnahm, dass der Herr neben ihr eine Konversation aufbauen wollte. Aufmerksam richtete sich ihr Blick nach vorne und sie hoffte, dass der Gastgeber unverzüglich seine Rede weiterführen würde. Sie wurde nicht enttäuscht. Wie gebannt lauschte sie seiner rauen, aber unendlich gefühlvollen Stimme.

»Die Zahlen vom vergangenen Jahr sind vielversprechend. Ich bin heute in der glücklichen Lage, Ihnen mitteilen zu können, dass wir die Prognosen für das laufende Geschäftsjahr noch übertreffen werden.« Beifall ertönte und Marie tat es den anderen gleich, um nicht aufzufallen. Dann führte er eine endlose Reihe an Zahlen und Prognosen an, denen Marie nicht folgen konnte. Sie musterte derweilen lieber sein Äußeres.

Seine vollen Lippen bewegten sich kaum, wenn er sprach. Und die ganze Körperhaltung wirkte steif – zu steif für Maries Empfinden. Der große, schlanke Körper steckte in einem Anzug, der bestimmt ein Vermögen kostete. Die Manschettenknöpfe funkelten im Licht der Kronleuchter. Er hielt ein Blatt Papier in den Händen, von dem er versuchte, so wenig wie möglich abzulesen. Doch die verknitterten Stellen, an denen er es festhielt, verrieten seine momentane Nervosität.

Es ertönte abermals Applaus und Marie klatschte erneut die Hände zusammen, ohne überhaupt den Grund dafür zu kennen.

»Ich danke Ihnen für die Aufmerksamkeit und wünsche allen einen vergnügten Abend.« Dann faltete er das Blatt, steckte es ein und schritt die Treppe hinunter in die Menge. Erst nachdem er aus Maries Sichtfeld verschwunden war, widmete sie sich wieder dem Herrn neben ihr. Er zeigte offenkundig Interesse an ihr, da er sich immer noch bei ihr befand.

»Wer war dieser Mann?« Auch wenn es ihr in seinem Beisein unhöflich erschien, nach einem anderen Mann zu fragen, sie musste seinen Namen erfahren.

»Das, Madame, war Adaliz.« Die Kinnlade klappte ihr nach unten und sie schaute ihn mit offenem Mund an.

»Er ist Teilhaber von einem der größten Immobilienkonzerne in Paris. Wussten Sie das nicht?«

»Woher sollte ich …?« Ehe Marie den Satz zu Ende bringen konnte, bemerkte sie aus dem Blickwinkel heraus, dass sich Adaliz ihr näherte. Marie gelang es, die Situation blitzschnell zu durchschauen. Lächelnd wandte sie sich an den Unbekannten:

»Sie sind hoffentlich für einen Scherz zu haben?« Verführerisch klimperte sie mit den Augen und versuchte, nicht rot anzulaufen, was ihr in Anbetracht der Hitze, die sich in ihrem Körper beim Anblick von Adaliz entfachte, sichtlich schwerfiel.

»Es wäre ja gar eine Schande, wenn ich meine Begleitung nicht kennen würde. «
Dann richtete sich ihr Blick wieder zu Adaliz, der sich nun unmittelbar vor ihr befand.

»Adaliz, endlich.« Sie berührte ihn zaghaft und streifte dabei mit ihrer Hand seinen Oberarm. Dabei lächelte sie ihm zu und formte mit den Lippen ihren Namen. Jetzt huschte auch über sein Gesicht, das soeben noch ernst wirkte, ein erleichtertes Lächeln.

»Rose, schön, dass du endlich da bist.« Er zog Marie an sich und gab ihr einen leichten Kuss auf die Wange.

»Romeo, das ist Rose. Wie ich sehe, habt ihr euch schon kennengelernt?«

»Er war so nett und hat mir Gesellschaft geleistet, während du deine grandiose Rede gehalten hast.« Adaliz jedoch winkte ab.

»Das war sie bestimmt nicht. Um ehrlich zu sein, waren es nur die Fakten, die meine Sekretärin für mich zusammengetragen hat.«

Romeo blickte verunsichert zwischen Marie und Adaliz hin und her. In Marie brodelte es. Um ein Haar wäre sie schuld daran gewesen, dass der Schwindel aufgeflogen wäre. Sie musste sich beim nächsten Mal unbedingt vorher einen Überblick verschaffen, ehe sie mit einem Unbekannten ins Gespräch kam.

Adaliz zog Marie noch ein Stück näher an sich heran. Dann flüsterte er ihr zu: »Die Leute starren dich an. Nimm die Maske ab.« Erstaunt bemerkte Marie, dass sie tatsächlich die einzige Person war, die eine Maske trug. Und da die Leute jetzt nicht mehr durch die Rede abgelenkt waren, fiel ihnen diese natürlich auf. Doch Marie war verunsichert. In dem Brief stand eindeutig, sie solle bei jedem Termin eine der Masken tragen. Natürlich wusste sie auch, dass der Brief zu einer Zeit verfasst wurde, als noch strengere Sitten herrschten und Veranstaltungen in einem anderen Rahmen abliefen. Dieses Auftreten war mittlerweile längst überholt.

Es ärgerte Marie, dass Marguerite sie ins offene Messer hatte laufen lassen. Eine Vorwarnung wäre das Mindeste gewesen. Sie nahm die Maske ab und steckte sie in die Handtasche, die sie noch immer umhängen hatte.

»Komm, Rose. Ich begleite dich zur Garderobe. Dort wirst du unnötigen Ballast los.« Dabei zwinkerte er ihr amüsiert zu.

Der weitere Abend verlief genau nach Maries Geschmack. Adaliz ließ sie keine Sekunde aus den Augen und stellte sie überall als seine Freundin vor. Wie sie im Laufe des Abends herausfand, fand er in seinem stressigen Beruf nicht die nötige Zeit, um sich eine Freundin zu suchen.

»Auf solchen Veranstaltungen gehört es sich allerdings für einen Mann in meiner Position, dass man nicht allein erscheint.«

Seine Erklärung beantwortete auch Maries Fragen, die sie sich insgeheim die ganze Zeit über stellte. Er war ein gut aussehender Mann. Wenn auch seine Haare an manchen Stellen schon ergraut waren, so trug er dies mit einer Männlichkeit, die ihn dadurch nur noch interessanter wirken ließ. Zudem war er groß und hatte breite Schultern. Marie ertappte sich dabei, wie sie sich ihn nackt vorstellte. Sofort versuchte sie vergeblich, an etwas anderes zu denken. Doch ihr Wunsch, dass sie dies an diesem Abend herausfinden würde, erfüllte sich nicht. Es war schon weit nach Mitternacht, als Adaliz sie zum Taxi brachte. Marie hatte schon Platz genommen und die Tür geschlossen da reichte er ihr durch das geöffnete Fenster einen Umschlag.

»Es war unterhaltsam mit dir, Rose.«

»Auch für mich war es ein wirklich schöner Abend« stimmte Marie ihm zu.

Dann fuhr der Taxifahrer bereits los und Marie kurbelte eilig die Fensterscheibe hoch, weil ihr der kalte Oktoberwind mitten ins Gesicht blies.

Das Taxi war bereits einige Minuten unterwegs, da öffnete sie erst den Umschlag. Er enthielt 3000 France, und das für einen einzigen Abend. Überglücklich steckte sie das Geld zurück und verstaute es in ihrer Tasche. Dieser Job würde wirklich alle ihre Geldprobleme lösen, wenn es weiterhin so gut lief.

Nach einem halben Jahr

Und das tat es. Marie hatte sich verändert. Sie fühlte sich reifer und – wie ihr in dem Brief vorhergesagt wurde – gesegnet. Von alleine hätte sie nie den Mut gefunden, etwas Derartiges auszuprobieren. Sie war ihrer Mutter unendlich dankbar. Auch wenn es Tage gab, an denen sie sich einsam fühlte. Und damit meinte Marie nicht, dass ihr ein Mann an ihrer Seite fehlte. Ihre Zeit war mittlerweile mit Terminen so vollgefüllt, dass ihr gar keine Möglichkeit blieb, Freundschaften aufzubauen. Aber Marie liebte ihren Job. Auch wenn er negative Seiten hatte.

Es gab leider Männer, die keinen Anstand besaßen, auch wenn das zum Glück eine Seltenheit war. Wie in ihrem vorherigen Beruf auch, so gab es Tage, an denen sie am liebsten alles hingeworfen hätte. Sie akzeptierte jedoch die Schattenseiten, denn glücklicherweise überwogen die positiven. Mit jedem Treffen wurde sie selbstsicherer und wusste, ihren Körper besser einzusetzen. Was ihr zu Beginn noch viel Mut und Überwindung kostete, gelang ihr nun ohne große Mühe. Die Maske war ihr Schutzschild, auch wenn sie diese zu öffentlichen Terminen nicht mehr trug, und das Parfüm ihre Tarnung. Keine der eifersüchtigen Ehefrauen würde je beweisen können, dass es sich bei dem Geruch um ein Parfüm handelte, da es nirgends zu kaufen war. Außerdem überwogen darin die herben Duftnoten. Es hätte also genauso gut ein Herrenparfüm sein können. Erst auf ihrer Haut entfaltete sich der geheimnisvolle, unverkennbare Duft.

Marie pflegte ihre Kontakte mit derselben Hingabe, mit der sie inzwischen ihr Aussehen pflegte. Dazu gehörte auch das, was sie unter den Kleidern trug. Wo sich vor Jahren noch trostlose Unterwäsche befand, hatte sich mit der Zeit eine beachtliche Anzahl von ausgesuchten Dessous angesammelt. Manche waren schlicht und eher einfach, andere dagegen aufwendig mit Spitze verziert. Wenn Marie sie anzog, stand sie oft vor dem großen Spiegel, den sie im Bad montiert hatte, und wog ihre Hüften hin und her. Sie fühlte sich begehrenswert und ausgesprochen hübsch, obwohl sich ihre Figur eigentlich nicht wirklich verändert hatte. Sie trug immer noch dieselbe Kleidergröße. Vielmehr war es ihre Einstellung zu ihrem Körper, die sich änderte, und damit ihre Ausstrahlung, auf die sie nun öfters angesprochen wurde.

Zuerst war es ihr unangenehm gewesen, doch mittlerweile genoss sie die Aufmerksamkeit und verführte gerne das andere Geschlecht, genauso wie es ihre Mutter immer getan hatte.

Marguerite war ihr in den letzten Monaten eine große Stütze gewesen. Wann immer sie Zeit fand, besuchte Marie sie auf einen Plausch. Und jedes Mal blieben sie in der Vergangenheit hängen, in der Zeit als Elaine und Josèphe noch lebten. So auch an diesem Nachmittag. Es war inzwischen Frühling geworden und die Knospen begannen, sich zu öffnen. Marie schlenderte den immer noch unebenen Weg entlang zum Gartentor, unter dem Arm einen Korb, aus dem es herrlich nach frischem Marmorkuchen duftete. Fröhlich pfiff sie vor sich hin und sprang von einem Fuß auf den anderen, wie sie es als kleines Mädchen immer getan hatte. Bevor sie das Tor hinter sich zuzog, griff sie nach der einzigen Rose, deren Blütenpracht bereits zu erahnen war, brach sie ab und legte sie in den Korb.

Sie wusste nicht, ob Marguerite heute Besuch erwartete, doch es war selbstverständlich, dass Marie sie an ihrem Geburtstag besuchte, zumal es ein besonderer war.

Als sie mit dem schweren Eisengriff an die alte Holztür pochte, dauerte es nicht lange, bis diese geöffnet wurde.

»Marie, welch wunderbare Überraschung, komm herein«, wurde sie von der alten Dame freudig begrüßt.

Für Marie zählten Gesten mehr als Worte, deshalb fiel sie dem Geburtstagskind um den Hals und drückte sie fest an sich. Erst als sie sich wieder löste, fand sie die richtigen Worte für den heutigen Anlass:

»Herzlichen Glückwunsch, Marguerite.«

Marguerite freute sich, tat aber, als würde die Zahl „66" ihr nicht viel bedeuten.

»Ach, wieso sollte ich denn feiern, mein Liebes. Heute ist ein Tag wie jeder andere für mich.«

»66 wird man nur einmal im Leben. Und außerdem muss man die Feste feiern, wie sie fallen«, mit diesen Worten hängte Marie sich unter und zog ihre Freundin Richtung Küche. Den Korb mit ihrem Geschenk stellte sie auf den Tisch.

»Zeit für ein Tässchen Tee und ein Stück Kuchen wirst du doch wohl haben«, neckte Marie ihre Nachbarin.

»Für dich, mein Liebes, habe ich doch immer Zeit.« Herzlich drückte Marguerite Marie für einen kurzen Moment an sich, ehe sie sich daran machte, heißes Wasser aufzusetzen.

Während Marie sie dabei beobachtete, wanderten ihre Gedanken zurück an den Abend ihrer letzten Verabredung, die nun genau zwei Wochen zurücklag. Immer noch war ihr unwohl bei dem Gedanken, dass sie mit ihrer Vermutung recht haben könnte und tatsächlich beobachtet wurde.

Sie war sich keines Fehlers bewusst. Marie hielt sich immer an die Spielregeln, die ihre Mutter ihr vorgegeben hatte. Und die Gewissheit, dass die meisten ihrer Kunden verheiratet waren und einen gehobenen Posten besaßen, gab ihr die Sicherheit, dass auch sie sich an die Regeln hielten. Zuviel stand für die meisten auf dem Spiel, zu viel Geld und zu viel Macht.

Aber was ihnen noch viel wichtiger war: Sie spielten mit ihrem Ansehen. Doch ehe sie sich dem Gedanken weiter hingeben konnte, machte Marguerite wieder auf sich aufmerksam.

»An welchem Ort befindest du dich gerade?«, mit ernstem Blick ließ sie sich auf dem Stuhl gegenüber nieder. Marie gelang es selten, ihr etwas zu verheimlichen, so auch an diesem Tag. Eigentlich wollte sie Marguerite an ihrem Geburtstag nicht mit ihren Sorgen belästigen, doch der Gedanke ließ sie einfach nicht mehr los.

»Ich glaube, ich werde beobachtet.« Bereits während sie die Worte aussprach, weiteten sich Marguerites Augen und ihre Miene wurde ernst. Ihre Hände begannen zu zittern, wie sie es seit Wochen öfters taten, besonders, wenn sie nervös wurde.

»Hast du jemand gesehen?«, ihr Blick haftete immer noch an Marie.

»Nein«, Marie schüttelte den Kopf. »Ich weiß nicht einmal, ob es eine Frau oder ein Mann ist. Es ist vielmehr ein seltsames Gefühl, das ich seit dem letzten Date verspüre. «

»Erzähl weiter«.

Da es in diesem Job vor allem um Diskretion ging, war es selbstverständlich, dass Marie selbst vor ihrer engsten Vertrauten keine Namen nannte. Selbst wenn Marguerite viele davon bereits aus dem Notizbuch kannte, war ihr wohler dabei, wenn sie die Neukunden für sich behielt. Trotzdem unterhielten sie sich natürlich über die Männer und Marie gab wohl Angaben zu Alter, Herkunft und Beruf preis. Dabei beließ sie es aber für gewöhnlich.

»Er wohnt nur wenige Hundert Meter von uns entfernt. Sein Haus befindet sich hinter dem kleinen Waldstück und ist zu Fuß einigermaßen schnell erreichbar. Deshalb zog ich es vor, die relativ kurze Strecke zu Fuß zu gehen.« Marguerite wusste um Maries Vorliebe, abends allein draußen spazieren zu gehen.

»Ich verstehe bis jetzt nicht, wie du nachts mutterseelenallein durch diesen Wald gehen kannst.«

»Du weißt, dass ich kein Angsthase bin. Aber an diesem Abend hatte ich dieses seltsame Unbehagen, als wäre ich nicht die Einzige, die diesen Waldweg entlang geht. Seither habe ich immer dieses Gefühl, das ich nicht genauer beschreiben kann. Es kommt mir so vor, als würde mir manchmal jemand folgen.«

»Pass gut auf dich auf, Liebes«, besorgt sah Marguerite Marie an. Sie ging jedoch nicht näher auf Maries Ängste ein. Marguerite kannte die Schattenseiten, die dieser Beruf mit sich brachte.

»Benutze in Zukunft immer das Auto,« war der einzige Ratschlag, den sie Marie gab.

Gerade wollte Marie noch etwas erwidern, da erblickte Marguerite die Rose. Vorsichtig nahm sie die Blume und roch daran.

»Herrlich, wie sehr ich diesen Duft liebe.«

»Der Duft der besonderen Rose«, gab Marie zurück.

Marie hatte nicht vergessen, dass Marguerite ihr noch eine Antwort schuldig war. In den letzten Monaten hatte sie mehrmals versucht, ihr das Geheimnis um die Herstellung des Parfüms zu entlocken, bisher vergeblich. Immer wieder lenkte die alte Dame vom Thema ab oder erfand Ausreden, die es ihr unmöglich machten, gerade zu diesem Zeitpunkt darüber zu reden. Irgendwann akzeptierte Marie, dass die Zeit oder vielleicht auch sie selbst einfach noch nicht reif dafür waren. Trotzdem hätte sie nur zu gern die ganze Wahrheit über die Herstellung erfahren.

Aber auch an diesem Tag erwiderte Marguerite nichts auf Maries Bemerkung, sondern roch still, nahezu andächtig an der Rose.

Marie wollte an diesem besonderen Tag nicht unhöflich sein, deshalb schwieg sie wieder einmal. Insgeheim nahm sie sich aber fest vor, beim nächsten Treffen nicht so schnell lockerzulassen.

Marguerite dankte es ihr mit einem Lächeln, als sie aufblickte. Dann nahm sie einen Schluck und begann zu erzählen. Von den alten Zeiten. Die

Zeit, in der sie alle noch eine richtige Familie waren.

Als sich Marie am darauffolgenden Dienstag wieder für eine Verabredung bereit machte, war ihr abermals, als würde sie beobachtet werden. Doch so angerstrengt sie auch nach einem Schatten oder einem Hinweis, dass sie mit ihrer Vermutung richtig lag, suchte, sie konnte nichts erkennen. Trotzdem zog sie die Jalousie herunter. Dann widmete sie sich wieder ihrem Outfit.

Mittlerweile liebte sie es, sich in Schale zu werfen. Sie verbrachte Stunden damit, sich an Mutters Schminktisch zu setzen und zu frisieren. Der Kleiderauswahl widmete sie stets dieselbe Aufmerksamkeit wie der Auswahl der Unterwäsche. Jedes einzelne Teil war inzwischen von Bedeutung. Es war nicht bloß ein Zurechtmachen, es war vielmehr eine Zelebration der Weiblichkeit. An diesem Tag wählte sie ein enges, schwarzes Kleid, das ihr bis zu den Knien reichte. Darunter trug sie die schwarze Spitzenunterwäsche, die sie sich gekauft hatte, als sie zum ersten Mal in der Boutique war. Weil es an diesem Tag kühler als erwartet war, nahm sie noch den schwarzen Mantel vom Haken und warf ihn sich um. Ihre Maske und ihr Parfüm verstaute sie in ihrer Tasche, bevor sie das Haus verließ. Dann schloss sie die Tür und machte sich auf den Weg.

Marie hatte sehr wohl Bedenken wegen der Geschehnisse der letzten Tage und es wäre gelogen, wenn sie behaupten würde, ihr wäre wohl gewesen. Doch da es erst Mittag war und sie sicher wieder zu Hause eintraf, bevor die Abenddämmerung einsetzten würde, entschied sie sich, die wenigen Hundert Meter erneut zu Fuß zu gehen.

Die Verabredung bei diesem Kunden lief nach demselben Schema ab, wie die Treffen zuvor. Marie kannte seinen richtigen Namen nicht, sogar das Schild auf dem Briefkasten war leer. Aber sie überraschte nichts mehr und verlor keinen Gedanken daran.

Der Herr ohne Namen erwartete sie schon. Wie vereinbart läutete sie drei Mal. Daraufhin wurde ihr die Tür geöffnet. »Rose, schön dass Sie da sind. Kommen Sie herein.«

Marie betrat den Flur und folgte ihm ins Wohnzimmer. Ihre hochhackigen, glänzend schwarzen Schuhe behielt sie an. Er nahm an seinem Schreibtisch Platz und widmete sich wieder seiner Arbeit. Marie fragte ihn ein einziges Mal danach, bekam aber keine genaue Antwort. Seitdem vermied sie es, sich nach seinem Beruf zu erkundigen. Als sie vor ein paar Wochen zufällig einen Blick auf die

Unterlagen erhaschen konnte, glaubte sie zu erkennen, dass es sich um Dateien zum Programmieren handelte. Doch es spielte keine Rolle und sie verschwendete keinen Gedanken mehr daran.

Marie ging in der Zwischenzeit, so wie bei jedem dieser Treffen mit ihm, in das Badezimmer. Dort lag bereits ihr heutiges Outfit bereit. Auch das gehörte zu ihrer Vereinbarung. Sie zog sich bis auf ihre schwarze Unterwäsche, zu der sie heute halterlose Strapse trug, aus. Dann band sie sich die weiße Schürze um und griff nach dem Eimer, der bereits gefüllt mit allen Utensilien, die gebraucht wurden, bereitstand. Im Wohnzimmer begann sie, zuerst die herumliegenden Sachen aufzuräumen. Es waren nicht viele, nur ein paar Bücher, die verstreut herumlagen. Marie vermutete, dass ihr Kunde selten ans Tageslicht ging und Tag für Tag fast nur vor seinem Computer saß oder eben las. Dann nahm sie den Staubwedel und fegte die Möbel damit ab. Da sie seit einigen Wochen regelmäßig Termine bei ihm hatte, hielt sich der Aufwand in Grenzen.

Manchmal sah Marie aus dem Blickwinkel heraus, wie er sie dabei beobachtete. Die meiste Zeit aber starrte er in seinen viereckigen Kasten. Sie wunderte sich darüber, wie man jede Woche mehrere Hundert France ausgeben konnte, nur um einer halb nackten Person beim Saubermachen zuschauen zu können. Weil sie aber kaum ein Wort miteinander sprachen, konnte sie die Gründe nicht erfahren.

Es hatte sich inzwischen eine Routine einge-
schlichen, sodass sie solche Dates mittlerweile als
Entspannung ansah. Die Stunden vergingen ra-
send schnell, und ehe sie sich versah, waren bereits mehr als drei Stunden vergangen. Es war
keine Seltenheit, dass sie bei Terminen die Zeit
vergaß, wenn die Kunden „ohne Limit" wählten.
Dennoch kam es nicht oft vor, dass sie über den
Zeitraum von etwa dieser Zeitspanne hinausgin-
gen. Die Herren waren oft in Eile und hatten es
meist nur mit Mühe und Not geschafft, sich für
diese Stunden einen Termin freizuhalten. Doch an
diesem Abend schien er keine Eile zu haben, und
da der Kunde König war, machte Marie keine
Anstalten, ihr Programm zu beenden.

Als sie sich dann gegen zwanzig Uhr auf den
Weg nach Hause machte, dämmerte es bereits.
Ausgerechnet heute schien die Straßenlaterne, die
ihr sonst die wenigen Meter bis zum Waldstück
immer ein Gefühl von Sicherheit gab, nicht zu
funktionieren. Beim Gedanken daran, dass sie
noch ein gutes Stück zu Fuß zurücklegen musste,
bekam sie es doch ein bisschen mit der Angst zu
tun.

Zu allem Übel hatte sich auch noch Nebel gebil-
det, der wie ein grauer Schleier um die Häuser
hing und ihr zusätzlich die Sicht erschwerte. Je
näher sie sich dem Waldstück kam, umso mulmi-
ger wurde ihr. Sie schlang ihren schwarzen Mantel enger um sich und verschränkte ihre Arme.
Die Hände ballte sie zu Fäusten. Maries ganzer

Körper war bis zu den Zehenspitzen angespannt und ihre Ohren nahmen jeden noch so leisen Laut wahr. Nach kurzer Zeit erreichte sie das kleine Waldstück. Marie hätte jede Möglichkeit genutzt, dieses zu umgehen. Leider gab es nur diesen Weg und somit blieb ihr keine andere Wahl. Vorsichtig und behutsam ging sie hinein in die tiefe Finsternis.

Das Rauschen der Bäume war das einzige Geräusch, das sie vernahm, und seltsamerweise wirkte es beruhigend auf ihr verängstigtes Gemüt. Trotzdem wurden ihre Schritte auf einmal immer schneller. Um sich von ihrer Furcht abzulenken, zählte sie die Schritte mit. Sie war diesen Weg schon oft gegangen, er war fast einen Kilometer lang, aber gleich hatte sie es geschafft. Als sie nur noch etwa 100 Meter vom Waldrand entfernt war, blieb sie abrupt stehen. Irgendetwas versperrte ihr den Weg. Zögernd streckte Marie ihre Hände nach dem Hindernis vor ihr aus und erstarrte. Sie spürte einen warmen Atem auf ihrem Gesicht, und ehe sie reagieren konnte, berührte sie etwas auf ihrer Schulter.

Unfähig, einen Schrei von sich zu geben oder wegzulaufen, erstarrte sie und begann am ganzen Körper zu zittern.

Gelähmt vor Angst stand Marie regungslos da und blickte die Person vor sich direkt an. Es war Vollmond und die Wolken, die gerade noch den Mond verdeckten, waren vorübergezogen und ließen ein wenig Helligkeit durch die Tannen scheinen. Das fahle Mondlicht reichte jedoch aus, dass Marie einen Mann erkennen konnte.

»Ich wollte dich nicht erschrecken«.

Verwirrt und verängstigt wich Marie zurück und wollte an ihm vorbeigehen. In diesem Moment griff er nach ihrem Oberarm, um sie festzuhalten.

»Bitte, geh nicht weg. Ich bin schon zu lange auf der Suche nach dir«, seine Worte wurden flehend.

Energisch und etwas gefasster schüttelte Marie seine Hand ab und entfernte sich einen weiteren Schritt von ihm. Der Abstand, der nun zwischen ihnen lag, gab ihr etwas Sicherheit, die Angst war dennoch gegenwärtig. Marie hätte davonlaufen sollen, doch sie fühlte, dass von dem Mann keine Gefahr ausging und er ihr nichts Böses wollte. Woher dieses Gefühl kam und weshalb sie so sehr darauf vertraute, konnte sie zu diesem Zeitpunkt nicht ahnen.

»Mir wäre wohler, wenn wir den Wald hinter uns lassen würden«, vorsichtig trat Marie einen kleinen Schritt auf den Unbekannten zu, um sein Gesicht genauer zu betrachten. Sie konnte nicht viel erkennen, nur dass er einen Hut trug, dessen Schatten seine obere Gesichtshälfte gänzlich verdeckte. Er besaß längeres Haar und einen Bart. Und er überragte Marie, die mit ihren 1,76 Metern nicht unbedingt klein war, um mindestens eine Kopfgröße. Sein Atem, der noch vor wenigen Sekunden stoßweise aus seinen Lungen kam, wurde nun gleichmäßiger und auch Marie beruhigte sich mit jedem Moment mehr.

»Sie haben mich erschreckt«, vorwurfsvoll und auch etwas erleichtert versuchte sie, einen Blick auf seine Augen zu erhaschen. Die Wolken zogen aber wieder vor den Mond und ließen nichts zurück außer Dunkelheit.

»Wir sollten gehen«, Marie schritt zügig voran, der Mann folgte ihr und nach wenigen Metern erreichten sie die Wiese, von der aus sie schon ihr Haus sehen konnte.

Als Marie das Keuchen des Mannes hinter sich vernahm, wurden ihre Schritte langsamer, bis sie schließlich innehielt. Jetzt, da sie den Wald hinter sich gelassen hatte und das Dorf, in dem sie lebte, in Sichtweite war, fühlte sie sich zunehmend wohler. Die Wolken waren inzwischen weitergezogen und der Vollmond versuchte, die Nacht zu erhellen.

Sein Licht gab den Blick frei auf den Rest seines Gesichtes, als sich Marie zu ihrem Begleiter umdrehte.

Wie sie jetzt erkannte, stand sie vor einem schon älteren Herrn. Dessen Blick wurde weich, fast schon traurig, während sie ihn mit großen Augen anblickte. Erstaunt sah sie, wie eine Träne aus seinem Augenwinkel heraustrat und langsam über seine Wange glitt, bis sie schließlich verschwunden war.

Plötzlich hatte sie Mitleid mit dem Mann, und ohne dass sie sich in diesem Moment über die

Folgen ihrer Worte im Klaren war, lud sie ihn zu sich nach Hause ein.

Dankbar nahm er die Einladung an und so gingen sie das letzte Stück schweigend nebeneinander her. An ihrem Gartenzaun angekommen, öffnete Marie das quietschende Gartentor und bat ihn mit einer Handbewegung, einzutreten. Dann gingen sie den holprigen Weg entlang weiter bis zur Haustür. Auf den letzten Metern verlangsamten sich seine Schritte noch einmal.

Marie schob es darauf, dass ihm wohl schlichtweg die Kraft fehlte, um mit ihr Schritt zu halten. Froh darüber, sich endlich in gewohntem Umfeld zu befinden, sperrte sie die Haustür auf. Erst als sie das Licht eingeschaltet und den Mantel an die Garderobe gehängt hatte, fiel ihr auf, dass er immer noch draußen stand und mit starrem Gesicht das Haus betrachtete. Dann richtete sich sein Blick auf Marie und er sah ihr zum ersten Mal direkt in die Augen.

In diesem Moment war es ihr, als würde ihr heiß und kalt zur selben Zeit werden. Die Laterne erleuchtete den Garten, so konnte Marie jedes Detail erkennen. Dinge, die ihr in der Finsternis nicht aufgefallen waren, stachen ihr jetzt umso deutlicher ins Auge. Da war das maßgeschneiderte Sakko, das ihn trotz seines Alters gepflegt wirken ließ. Die ausgewaschene Jeanshose und der unverwechselbare Hut. Vor ihr stand der Mann, der nun sie genauso anblickte, wie er es damals vor siebzehn Jahren bei Josèphe tat. Zögernd näherte er sich ihr, blieb aber vor den Stufen, die sie noch trennten, stehen und schaute ihr weiter in die Augen. Dann schloss er die Augen und atmete tief ein und aus.

»Dieser Duft, dieser unverwechselbare Duft der Rose«, kaum sprach er die Worte aus, öffnete er die Augen und ging die letzten Schritte hinauf. Marie hatte sich indessen nicht von der Stelle bewegt und war kaum fähig, ihren Gedanken zu folgen. War das überhaupt möglich? Doch dann sah sie sein Gesicht aus nächster Nähe und ihre Zweifel waren wie weggeblasen. Vor ihr stand die Person, die sie all die Jahre vermisst und doch nie den Mut gefunden hatte, sie zu suchen. Der Mann vor ihr war kein anderer als ihr Vater Alexandre.

Und auch dem alten Mann dämmerte es langsam, dass Marie die Situation inzwischen erfasst hatte.

Sie hatte sich immer vorgestellt, wie es wohl wäre, ihm endlich zu begegnen. Doch als sie ihm um den Hals fallen wollte, hielt sie etwas davor zurück.

Stattdessen bat sie ihn höflich, aber zurückhaltend, einzutreten und führte ihn in die Küche. Dankend nahm er ihr Angebot an und ließ sich auf einem der Stühle nieder.

»Möchtest du eine Tasse Tee? «

»Gerne.« Erst jetzt bemerkte Marie sein Zittern. Doch sie war nicht sicher, ob es an der Kälte oder an seiner Aufregung lag.

Während sie den Tee aufgoss, versuchte sie, das Geschehene zu überdenken. Auch wenn er ihr Vater war, so war er trotzdem ein fremder Mann. Sie musste erst einmal alle Fragen loswerden, die sich über die Jahre angesammelt hatten. Erst dann würde sie bereit sein, körperliche Nähe in Form einer Umarmung zuzulassen.

Mit den Tassen in den Händen setzte sie sich auf den Stuhl ihm gegenüber und reichte ihm eine davon, während sie ihre vorsichtig abstellte.

»Warum erst jetzt, warum hast du dich so lange nicht bei mir gemeldet?« Diese Frage brannte ihr regelrecht auf dem Herzen.

Marie hatte den Anschein, als wäre er erleichtert, nun endlich seine Geschichte erzählen zu können und hörte ihm zu, ohne ihn zu unterbrechen.

»Ich war gerade einmal achtzehn, als ich Josèphe kennengelernt habe. Zum ersten Mal sind wir uns in der Innenstadt von Paris über den Weg gelaufen. Damals war ich ein Straßenkünstler und deine Mutter hat mich dabei beobachtet, wie ich Touristen skizziert habe. Irgendwann brachte sie mir einen Kaffee und so kamen wir ins Gespräch. Sie fand das Leben, das ich führte, aufregend, weil es so anders als ihr eigenes war. In ihrer Lehre als Floristin fühlte sie sich gedrängt und sie war unzufrieden darüber, weil ihre Mutter sie so sehr bevormundete. Sie vertraute mir in diesen Stunden ihre ganze Lebensgeschichte an, es war, als würden wir uns schon ewig kennen.«

»War es Liebe auf den ersten Blick?«

Er lehnte sich zurück und starrte nachdenklich vor sich hin, bevor er schließlich antwortete.

»Ja, das war es. Aber im Nachhinein bin ich mir sicher, dass für Josèphe einfach alles viel zu schnell ging. Bereits nach wenigen Wochen schloss sie sich meinem Nomadenleben an. Wenige Monate, nachdem wir uns kennenlernten, wurde sie dann schwanger.«

»War es ein Schock für euch? «

»Natürlich war es das. Wir waren beide noch so jung und hatten kaum Geld. Wir lebten von heute auf morgen, ohne einen Plan für die Zukunft zu haben. «

»Wie ging es dann weiter? Ich meine, als ich dann geboren wurde?« Das war der Teil, den weder Marguerite noch Elaine kannten. Marie umklammerte die Teetasse und lauschte gebannt den Worten ihres Vaters.

»Es hat ganz fürchterlich geschneit an dem Abend, als du geboren wurdest. Wir schafften es gerade noch rechtzeitig in ein Geburtshaus. Gegen 23 Uhr erblicktest du dann das Licht der Welt. Diesen Augenblick habe ich all die Jahre in meinem Herzen getragen und werde es auch mein Leben lang tun. Dieser Moment war magisch und erschreckend zugleich.«

»In welcher Form erschreckend?«, bohrte Marie weiter nach, um endlich die ganze Geschichte zu erfahren.

»Plötzlich hatten wir Verantwortung für einen kleinen Menschen. An Liebe fehlte es dir nicht, aber an vielen anderen Dingen. Deine Mutter wurde immer unzufriedener und so kam es, dass sie eines Morgens, du warst damals ungefähr ein Jahr alt, einfach verschwand. Da ich nicht einmal wusste, wo sie wohnte, konnte ich sie nirgends ausfindig machen.«

»Hast du je aufgehört, nach mir zu suchen?«

Liebevoll blickte er Marie an. »Ja, ich muss leider zugeben, das habe ich. Aber dieses Ereignis hat mich auch wachgerüttelt. Ich wollte den gleichen Fehler nicht noch einmal machen. Deshalb habe ich von diesem Tag an mein Leben endlich in die Hand genommen, um etwas daraus zu machen.«

Das erklärte auch sein Erscheinungsbild, das nun so gar nichts mehr mit einem Straßenkünstler gemeinsam hatte.

»Aber ich verstehe immer noch nicht, wie du mich schließlich trotzdem gefunden hast nach der langen Zeit? «

»Ich habe damals durch sehr viel Ehrgeiz und auch durch das nötige Quäntchen Glück einen Job in einer Werbeagentur ergattert. Künstlerisch war ich sehr begabt und ich brachte die nötige Disziplin mit, um mich innerhalb weniger Jahre hochzuarbeiten. Und weil es in meinem Leben nach deiner Mutter keine andere Frau mehr gab, konnte ich meine ganze Zeit und Kraft ausschließlich in meine Karriere investieren. Ich gründete dann mit dreißig meine eigene Firma, die ich mittlerweile gewinnbringend verkauft habe. Damals war diese Firma mein Leben und so verdrängte ich irgendwann das Gefühl, etwas zu vermissen.« Er hielt kurz inne und nippte vom Tee.

»Meinst du damit etwa mich?«

»Auch. Aber natürlich vermisste ich auch eine Frau an meiner Seite. Obwohl ich mir nicht vorstellen konnte, noch einmal einer Frau wie deiner

Mutter zu begegnen. Für die Suche nach einer neuen Partnerin viel Zeit und Geduld zu opfern, war es mir allerdings nicht wert. So beschloss ich eines Tages, es war kurz nach meinem fünfzigsten Geburtstag, die Dienste eines Begleitservices in Anspruch zu nehmen.« Erwartungsvoll blickte er seine Tochter an.

Seinem Ausdruck nach rechnete er damit, dass sie nun erschrocken hochspringen und die Hände vors Gesicht schlagen würde. Aber Marie blieb ruhig sitzen und bat ihn, weiterzuerzählen.

»Ich bestellte sie in ein Restaurant, in dem ich mich mit einem Geschäftspartner traf. Freunde hatte ich in dieser Zeit keine und so war es nicht unüblich, dass ich mich auch an Festtagen geschäftlich verabredete. Doch dieses Mal bat man mich, eine Begleitung mitzubringen und ich wollte nicht wieder eine Ausrede erfinden müssen. Als Josèphe dann vor mir stand, bemerkte ich natürlich eine Ähnlichkeit, aber auf den ersten Blick hätte ich sie nicht eindeutig erkannt. Erst als sie mich mit ihrer unverwechselbaren weichen, weiblichen Stimme begrüßte, begriff ich, wen ich vor mir hatte. Ihr ging es genauso, denn plötzlich wurde sie ganz weiß im Gesicht. Ich schaffte es gerade noch, sie auf einen Stuhl zu setzen, ehe sie umzukippen drohte. Zum Glück musste der Geschäftspartner an diesem Abend den Termin kurzfristig absagen. So blieb uns eine Nacht Zeit, um über alles, was geschehen war, zu reden. Erst am frühen Morgen brachte ich sie zurück nach Hause.

Anfangs sträubte sie sich, doch irgendwann war sie zu müde, um zu widersprechen und sie ließ sich von mir heimfahren.«

In Maries Gedanken überschlugen sich die Dinge. Plötzlich hatte sie wieder dieses Bild vor Augen, als an dem besagten Morgen ihre Mutter in dem roten Kleid aus dem Auto ausstieg. Sie sah diesen Mann vor sich, der seinen Kopf mit einem Hut bedeckte. Dann blickte sie in die Augen ihres Vaters und mit einem Mal wurden ihr die Zusammenhänge bewusst.

»Aber warum wolltest du mich nicht kennenlernen?« Leise sprach Marie die Worte und war sich nicht sicher, ob er sie überhaupt hörte.

»Das wollte ich ja die ganze Zeit!« Er ballte seine Hände zu Fäusten und zum ersten Mal, seitdem er zu erzählen begonnen hatte, wirkte er ungehalten.

»Zu Beginn lief es auch sehr gut. Wir trafen uns ein paar Mal und ich äußerte schließlich den verständlichen Wunsch, dich sehen zu wollen. Ich wollte, dass wir eine Familie werden, denn meine Gefühle waren nach wie vor dieselben. Doch Josèphe wich aus und sagte, dass sie keine Beziehung mehr zu einem Mann eingehen könne. Dieses Thema wäre für sie ein für alle Mal erledigt. Mir fiel es schwer, ihre Entscheidung zu akzeptieren, doch sie blieb dabei und ließ mir keine andere Wahl.«

»Aber mich hättest du doch besuchen können", ließ Marie nicht locker. Sie wollte endlich wissen, warum sie all die Jahre keinen Kontakt hatten.

»Josèphe erzählte mir, dass sie dich ebenfalls, so wie damals Elaine es bei ihr tat, auf ein Internat schickte. Sie verriet mir nicht, in welches und bat mich inständig, dein Leben nicht unnötig durcheinanderzubringen. Sie versicherte mir, dass du glücklich seist und dass es dir an nichts fehlen würde.«

Marie versuchte, sich zu erinnern. Sie war damals sechzehn gewesen, also waren inzwischen sechzehn Jahre verstrichen. Demnach musste ihr Vater inzwischen siebenundsechzig sein, ungefähr so alt wie Marguerite.

»Und warum hast du mich zuletzt verfolgt? Wie hast du mich überhaupt erkannt?«

»Ich war vor ein paar Wochen in der Innenstadt in einem Straßencafé und las in der Zeitung. Plötzlich, als ich aufblickte, glaubte ich meinen Augen nicht trauen zu können. Ich sah dich in dem Lieblingskleid von Josèphe. Als ich dann noch das Parfüm roch, als du an mir vorbeigeschlendert bist, war es mir klar. Daraufhin bin ich dir gefolgt, um herauszufinden, wo du wohnst. Das war vor ein paar Tagen. Und nun sitze ich hier bei meiner Tochter.«

Glücklich atmete er auf.

»Das war sie also, meine Geschichte. Jetzt bin ich auf deine gespannt.«

Marie erzählte ihm vom Tod ihrer Großmutter und von den Jahren, in denen Josèphe alles alleine bewältigen musste.

»War sie glücklich?«, unterbrach er sie.

»Ja, das war sie. Sie hat das Leben in vollen Zügen genossen und immer das Beste aus der Situation gemacht. Es war bestimmt nicht immer leicht für sie, aber wir hatten ja uns. Und auch ich war immer glücklich, obwohl ich mich oft gefragt habe, wo du wohl bist und weshalb du mich nicht suchst. Ich selbst habe erst nach Mutters Tod das erste Mal ernsthaft in Erwägung gezogen, nach dir zu suchen.«

Erst da kam Marie der Gedanke, dass ihr Vater von Josèphes Tod wohl aus der Zeitung erfahren haben musste. Doch sie wollte seine Wunden und auch ihre eigenen nicht wieder aufreißen, deshalb beschloss sie, nicht weiter darüber zu sprechen. Es würde die Zeit kommen, in der sie die Kraft haben würde, auch darüber zu reden. Nur heute war das zu viel verlangt, außerdem war es schon spät geworden. Und so sehr Marie auch die Anwesenheit ihres Vaters genoss, machte sich trotzdem bleierne Müdigkeit in ihren Gliedern breit.

Auch ihm erging es anscheinend nicht anders. Er stellte keine weiteren Fragen mehr, sondern trank den letzten Schluck und nahm Maries Hände in seine.

»Wir sind beide müde.« Sein Blick richtete sich auf die Uhr, die an der Wand hing. »Es ist bereits nach Mitternacht. Wollen wir uns für morgen Nachmittag verabreden?«

»Sehr gerne«, froh dafür, dass auch er sich nach Ruhe sehnte, nahm Marie sein Angebot an. Sie verabschiedeten sich herzlich, dann sank Marie in

einen unruhigen und von Albträumen durch-
wachsenen Schlaf.

Marie fühlte sich dann auch wie gerädert, als sie am nächsten Morgen die Augen öffnete. Ihr Kopf war schwer wie Blei und ihr ganzer Körper schmerzte, so schlecht hatte sie geschlafen.

»Jetzt hilft nur noch ein starker Espresso.« Unwillig stand sie auf und ging hinunter in die Küche. Marie griff gerade nach dem Kaffeepulver, da vernahm sie die Haustürglocke. Sie war nicht auf Besuch eingestellt und ihr war gerade nicht danach, mit jemandem zu reden. Bis ihr Vater heute Nachmittag kommen würde, wollte sie noch einmal in Ruhe über alles nachdenken. Doch es läutete erneut, dieses Mal mehrmals energisch hintereinander.

Jetzt war Marie doch beunruhigt und beschloss, nachzusehen. Vor der Haustür stand Marguerite, die nervös mit ihrem Stock gegen das Geländer schlug.

»Marguerite, um Gottes willen, ist etwas passiert?«

An ihrem Ausdruck erkannte Marie sofort, dass sie aufgebracht war. »Das fragst du mich?« Ihre Augen funkelten und sie hielt ihre Gehhilfe in die Höhe, als würde sie Marie drohen.

»Ich habe mir solche Sorgen um dich gemacht! Zuerst erzählst du mir davon, dass du dich beobachtet fühlst und dann sehe ich nachts eine unbekannte Gestalt dein Haus verlassen. Kannst du dir vorstellen, welche Angst ich hatte?«

»Jetzt beruhige dich erst einmal und komm herein. Du bist ja völlig außer dir.« Behutsam nahm Marie sie in den Arm und führte sie ins Haus. Dort nahm sie am Tisch Platz, während Marie erneut begann, den Espresso aufzusetzen. Für Marguerite schenkte sie ein Glas Wasser ein. In ihrem Zustand wollte sie ihr kein Koffein zumuten, sonst würde sich ihr Gemüt womöglich noch mehr erhitzen.

»Wer um Himmels willen war dieser Mann gestern bei dir? Habe ich dir nicht gesagt, dass du nie einen Kunden mit zu dir nach Hause bringen sollst?«

Ihre Sorge war endgültig verflogen, jetzt war sie nur noch wütend auf Marie und ließ sie das auch spüren.

»Verdammt, Kind. Es hätte sonst was passieren können«, schimpfte Marguerite weiter.

»Bitte, nun beruhige dich doch.« Marie nahm ihre Tasse mit dem doppelten Espresso und setzte sich neben Marguerite nieder.

»Es ist etwas Unglaubliches passiert«, begann sie.

Und obwohl sie nicht einschätzen konnte, wie ihre besorgte Freundin auf die Nachricht reagieren würde, platzte sie direkt mit der Neuigkeit heraus. Und diese verfehlte ihre Wirkung nicht. Marguerite saß mit offenem Mund da, kreidebleich und hielt sich, als könne die Tasse ihr Halt geben, daran fest. Die wenigen Sekunden, bis sie endlich etwas sagte, kamen Marie wie eine halbe Ewigkeit vor.

»Aber, wie ist das nur möglich?«, stammelte sie dann.

Marie erzählte ihr nun alles, die ganze Geschichte. Als sie zum Ende gekommen war, veränderte sich der Gesichtsausdruck ihrer Nachbarin.

»Ich würde ihn so gerne kennenlernen.« Dabei stieß sie einen Seufzer aus.

»Alexandre besucht mich heute Nachmittag. Wenn du willst, kannst du bleiben, bis er da ist.« Marie vermied es weiterhin, ihn Vater zu nennen. Es kam ihr alles noch so unwirklich vor und sie hatte Angst, er könnte sein Versprechen nicht halten und würde sie versetzen. Diese Befürchtung ließ sie sich aber vor Marguerite nicht anmerken.

»Wirklich?«, erfreut begannen deren Augen zu leuchten.

»Ja sicher. Wir machen uns bis dahin einfach ein paar nette Stunden.« Natürlich war Alexandre dann das Thema Nummer eins. Marie fragte immer wieder nach allen Details, an die sich Marguerite erinnern konnte. Sie stimmten allesamt mit den Erzählungen von Alexandre überein.

Gegen fünfzehn Uhr läutete es dann endlich.

»Hallo Marie, schön, dich wieder zu sehen.« Alexandre trug einen Blumenstrauß bei sich, den er ihr etwas unbeholfen überreichte.

»Ich wusste nicht, welches deine Lieblingsblumen sind. Aber wenn ich den Garten so anschaue, liege ich mit Rosen hoffentlich nicht weit daneben.«

Marie machte sich nicht viel aus Blumen. Und die Rosen interessierten sie nur, weil sie dadurch Josèphe und Elaine nahe sein konnte. Es war sozusagen ihre Verbindung zu ihnen.

Trotzdem freute sie sich über seine Geste und wusste sie zu schätzen.

»Sie sind wunderschön. Komm herein. Es möchte dich noch jemand kennenlernen. «

Marie wollte ihren Vater nichts ins offene Messer laufen lassen und hielt es für angebracht, ihn darauf vorzubereiten.

»Hat dir Mutter von Marguerite erzählt?«, fragte sie ihn daher.

»Die Nachbarin, zu der deine Großmutter eine besondere Beziehung pflegte?«, erinnerte er sich.

»Genau die. Sie kam heute Mittag vorbei, und als ich ihr von dir erzählt habe, war die Neugierde einfach zu groß. Sie möchte dich unbedingt sehen.«

»Dann lassen wir sie nicht länger warten oder was meinst du?«, meinte er höflich.

Marie nickte nur, dann führte sie Alexandre ins Wohnzimmer, in dem Marguerite mittlerweile auf der Couch Platz genommen hatte. Ihr Vater blieb im Türrahmen stehen und Marie ging einen Schritt zur Seite. Und dann passierte etwas Seltsames. Marie beobachtete, wie Marguerites Wangen förmlich zu glühen begannen. Alexandre nahm, ganz der Gentleman, seinen Hut vom Haupt und ging auf sie zu. Marguerite erhob sich und reichte ihm zurückhaltend, wie es sonst eigentlich überhaupt nicht ihre Art ist, die Hand.

»Sehr erfreut, Madame«, begrüßte er sie charmant lächelnd.

Er küsste galant ihren Handrücken und bat sie, wieder Platz zu nehmen. Doch ihre Freundin blieb wie angewurzelt stehen und starrte ihn entgeistert an. Marie begann, sich Sorgen zu machen und ging auf sie zu.

»Marguerite, ist alles in Ordnung mit dir,« sprach sie leise. Dabei rüttelte sie leicht an ihrem Oberarm.

Langsam löste sich der starre Blick. Aber noch immer sah Marguerite Alexandre an, dieses Mal direkt in die Augen. Und dann sah Marie das Funkeln in ihren Augen, das seit dem Tod ihres Mannes erloschen war. Es war wie ein Feuer, tief in ihrem Inneren.

Amüsiert über das Schauspiel, das sich ihr gerade bot, beschloss sie, sich für einen Moment unter einem Vorwand zurückzuziehen.

»Ich bereite schon einmal den Tee vor.« Ohne eine Antwort abzuwarten, verließ Marie den Raum.

Sie ließ sich Zeit, um ihnen die Möglichkeit zu geben, sich in Ruhe kennenzulernen. Doch nachdem eine halbe Stunde vergangen war und der Tee schon begann, wieder kalt zu werden, ging sie wieder zurück.

Marie war entzückt über den Anblick, der sich ihr bot. Marguerite und Alexandre schauten sich innig an und reden leise, sodass Marie nicht verstehen konnte, was sie sprachen, miteinander. Erst als sie ihre Anwesenheit bemerkten, verstummten beide und richteten ihre Blicke auf sie.

Sofort war Alexandres ganze Aufmerksamkeit auf sie gerichtet.

»Es tut mir leid, Marie. Da haben wir uns eine Ewigkeit nicht gesehen und dann beachte ich dich nicht einmal.«

»Das ist schon in Ordnung.« Marie konnte sich ein Lachen nicht verkneifen.

»Was gibt es denn da zu lachen, mein Fräulein?« Nun war es Marguerite, die in gespielter Empörung das Wort ergriff.

Jetzt war es endgültig um Marie geschehen. Lauthals begann sie zu lachen, bis ihr Tränen über die Wangen liefen. Plötzlich fing auch Marguerite zu lachen an. Sie stand auf und nahm Marie in die Arme. Da standen sie nun beide und ließen ihren Gefühlen freien Lauf. Alexandre betrachtete die Damen und auch er konnte anhand der Freude, die sich ihm bot, nicht anders und lachte mit.

Es dauerte Minuten, bis sich Marie wieder fing. Völlig aufgelöst nahm sie Platz und wischte sich mit dem Pulloverärmel die Wangen trocken.

»Das Leben schreibt doch die schönsten Geschichten. Nie im Leben hätte ich das für möglich gehalten.«

Marguerite erwiderte: „Wie recht du hast, Marie."

Dann ließ sie sich neben Alexandre nieder.

Marie lehnte sich mit nachdenklichem Blick zurück und betrachtete die beiden noch einmal.

»Ich habe wieder eine Familie«, glücklich darüber nahm sie ihre Tasse. Sie würden viel zu bereden haben an diesem Tag, ebenso am nächsten und an allen anderen.

Doch auch wenn sie an diesem Nachmittag über alles Mögliche sprachen, ihren Beruf, dem sie zurzeit nachging, verschwieg sie ihrem Vater. Und auch Marguerite machte keine Andeutungen darüber, wie Josèphe es schaffte, all die Jahre über die Runden zu kommen.

Alexandre fragte zum Glück nicht weiter nach. Aber ihm entgingen in den folgenden Tagen natürlich Maries unregelmäßige Arbeitszeiten nicht. Als sie eines Abends das Haus verließ und er gerade aus Marguerites Haus kam, konnte er sich einen spitzen Kommentar nicht verkneifen.

»So einen flexiblen Job muss man erst einmal finden.«

»Hallo erst mal, Papa«, neckte Marie ihn.

»Hallo, Marie. Bezaubernd siehst du aus in diesem Kleid. Es steht dir ausgesprochen gut.«

»Vielen Dank.« Auch wenn das Kompliment „nur" von ihrem Vater kam, fühlte sie sich dennoch geschmeichelt.

»So gehst du aber nicht in die Arbeit, oder?«

Sie wusste, dass sie ihm in diesem Fall nichts vormachen konnte. Deshalb entschied sie sich für die halbe Wahrheit.

»Ich habe eine Verabredung". Alexandres Neugierde war nun geweckt.

»Darf ich erfahren, wer der Glückliche ist?«

»Dafür ist es noch zu früh", wich Marie seinen Fragen aus.

»Dann will ich dich nicht länger aufhalten. Viel Vergnügen.«

Erleichterung machte sich in ihr breit. Er hatte keinen Verdacht geschöpft.

»Danke, wir sehen uns.« Dann eilte sie zum Auto.

»Bis bald«, rief Alexandre ihr noch nach, ehe er in die andere Richtung verschwand.

Marie war heute mit einem neuen Kunden verabredet. Von Zeit zu Zeit antwortete sie auf Anzeigen, welche die Herren in gewissen Internetportalen aufgaben. So war auch dieses Treffen zustande gekommen. Es handelte sich dieses Mal um einen der wenigen Männer, die sich in einem Hotelzimmer treffen wollten. Die meisten bevorzugten einen Swingerklub oder, wie sie es nannten, einen Austauschklub. Ihr war es aber egal, da sie keine bestimmten Vorlieben hatte. Denn eigentlich liebte sie jede Art von Treffen. Die Blicke der Männer ließen ihr Selbstwertgefühl jedes Mal deutlich ansteigen. Sie war mittlerweile zu einer selbstbewussten Frau geworden, die wusste, was sie vom Leben wollte. Ein Mann an ihrer Seite, mit dem sie sich eine Zukunft vorstellen konnte, hatte darin keinen Platz mehr. Marie glaubte nicht mehr an die große Liebe, obwohl sie die Geschichte mit Alexandre und Marguerite zum Nachdenken brachte. Jetzt, da sie sah, wie glücklich diese war, nicht mehr allein zu sein, und wie sie aufblühte, gab es Momente, da sehnte auch sie sich insgeheim nach jemandem zum Anlehnen. Doch sie würde das Gefühl des Nervenkitzels und des Begehrens niemals gegen das Gefühl der Liebe, das einem irgendwann das Herz brechen würde, eintauschen wollen.

Sie war so in Gedanken, dass sie erst jetzt merkte, dass sie schon am Ziel war. Nachdem sie ihr Auto auf dem Parkplatz des Hotels abgestellt hatte, betrat sie die Rezeption. Für gewöhnlich wurde ihr auf den Namen Rose ein Schlüssel hinterlegt. So war es auch dieses Mal. Es war die Nummer 113.

Als sie den Raum betrat, mussten sich ihre Augen erst einmal an die Dunkelheit gewöhnen. Allmählich konnte sie die Umrisse einzelner Gegenstände erkennen. Wenige Meter vor ihr stand ein Stuhl, einzeln
mitten im Raum. Daneben waren die Umrisse eines Mannes mit stattlicher Körpergröße zu erahnen.

Sie ließ sich auf das Spiel ein, schloss die Tür und entkleidete sich bis auf die Unterwäsche. Dann setzte sie die Maske auf und sprühte zwischen ihren Brüsten und auf jeden Handrücken das Parfüm mit dem unwiderstehlichen Duft.

Sie ging ein paar Schritte vorwärts und blieb dann einen Schritt von ihm entfernt stehen.

»Bitte, nimm auf dem Stuhl Platz«, erklang eine Männerstimme.

Marie kam seiner Aufforderung gerne nach und tat, was er verlangte. Sie spreizte ihre Beine und legte ihre Hände in ihren Schoß.

»Wenn ich aufhören soll, sag einfach Stopp.«

»Ok«, sie hatte verstanden.

Dann nahm er ihre Hände und führte sie hinter ihren Rücken. Dort band er sie mit etwas, das sich wie ein Gürtel anfühlte, zusammen. Dann öffnete er ihren BH-Verschluss und streifte ihn ihr ab. Marie fühlte sich ausgeliefert, doch genau das war es, was sie um den Verstand brachte. Es war das erste Treffen, bei dem sie komplett die Kontrolle abgab und sich ganz dem Kunden überließ. Seine großen, rauen Hände glitten über ihren Körper. Er begann, sie sanft zu streicheln und wanderte dabei immer weiter. Mit Küssen bedeckte er ihren Hals und arbeitete sich bis zu ihrem Mund vor. Zärtlich begann er, an ihren Lippen zu knabbern, während seine gefühlvolle Hand immer tiefer wanderte.

»Dein Duft macht mich verrückt«, hauchte er in ihr Ohr.

Marie wollte nur eines, dass er weitermachte.

»Küss mich«, forderte sie ihn auf.

»Nichts lieber als das".

Sein Körper war nun dicht an ihrem. Sie bemerkte mit Erstaunen, dass auch er nackt war.

Doch es war nicht nur seine Haut, die sie spürte, und plötzlich stieg ihre Leidenschaft ins Unermessliche.

Es war das erste Mal seit über zwei Jahren, dass sie das Verlangen hatte, weiter zu gehen. Als könne er ihre Gedanken lesen, befreite er sie von den Fesseln und trug sie zum Bett.

»Leg dich auf den Rücken.« Marie gehorchte willig.

Er band ihre Hände am Bettpfosten fest.

Dann verführte er sie nach allen Regeln der Kunst. Marie wand sich unter seinen Küssen und Berührungen und war nicht mehr fähig, klar zu denken.

»Weitermachen«, bettelte Marie.

Den Gefallen tat er ihr gerne. Sie spürte seinen verschwitzten Körper auf ihrem, seine Muskeln und seinen männlichen Geruch, den sie in sich aufsog. Und plötzlich war es, als wäre sie in einer anderen Welt.

Als es vorbei war, band sie der Unbekannte los und legte sich völlig außer Atem neben sie.

Auch Marie war erschöpft wie noch nie zuvor. Ihr Körper wurde schwer und sie schaffte es nicht mehr, ihre Augen offenzuhalten. Glücklich und befreit schlief sie ein.

Als sie die Augen aufschlug, musste sie sich erst orientieren. Nachdem sie aber begriff, wo sie sich befand, überkam sie Panik.

Mit ihren Händen fasste sie sich ins Gesicht, doch ihre Maske war nicht mehr an ihrem Platz. Sie schlug die Decke zur Seite und suchte hektisch danach. Auf keinen Fall durfte sie ihm ohne ihren Schutz gegenübertreten. Doch es war zu spät.

»Suchst du etwas?«, erklang seine Stimme. Er stand mit zwei Tassen Kaffee und einem Korb voll Croissants vor ihr und beobachtete sie.

Mit einer Hand schnappte sie sich die Decke und zog sie bis zum Hals hoch. Ihr Gesicht drehte sie zur Seite, um es vor ihm verbergen zu können.

»Warum versteckst du dich?«

Marie war nicht imstande, darauf etwas zu antworten. Da nahm er neben ihr Platz und sie rutschte ein Stück, damit er das Tablett abstellen konnte. Der Kaffee verströmte einen herrlichen Duft und sie hätte am liebsten danach gegriffen. Seine Hand strich sanft über ihr Haar.

»Hast du keinen Hunger?«, fragte er sie und deutete auf das Frühstück vor ihnen. Eigentlich wollte Marie verneinen, aber bei dem Duft konnte sie nicht widerstehen. Außerdem hatte sie nun nicht mehr das Bedürfnis, aufzuspringen und davonzulaufen. Für einen Moment schaltete sie die Vernunft ab und wandte sich ihm zu.

»Endlich zeigst du mir dein schönes Gesicht«, strahlte er.

Er drückte ihr einen Kuss auf die Stirn. Marie wich zurück, darauf war sie nicht vorbereitet.

»Es tut mir leid«, entschuldigte er sich sofort, »Ich wollte dir nicht zu nahe treten. Ich dachte nur, naja, wie soll ich sagen ... «, schüchtern richtete sich sein Blick auf das zerwühlte Bett.

»Was letzte Nacht passiert ist, war wunderschön. Ich habe so etwas vorher noch nie gemacht. «

Marie sehnte sich nach diesen Worten, aber sie durfte sie nicht zulassen. Deshalb unterbrach sie ihn sofort.

»Es war nur ein Job«, teilte sie ihm nüchtern mit.

»Nur ein Job? Was meinst du damit?«, verwirrt sah er sie an.

»Du hast ein Jobangebot aufgegeben, ich habe es angenommen und ausgeführt«, erklärte sie ihm.

»Von welchem Angebot redest du? «

»Na, deine Anzeige im Internet«, erwiderte Marie. Er jedoch lachte nur und schüttelte dabei den Kopf.

»Das? Das war doch nur ein Scherz eines Freundes. Ich wollte mich eigentlich gar nicht darauf einlassen, doch dann hast du mir geschrieben und mich neugierig gemacht. Und ich muss sagen, es hat sich gelohnt.«

Marie begriff langsam, in welch peinliche Situation sie sich gebracht hatte.

»Du verstehst nicht«, sie rückte ein Stück weg. »Ich begleite die Männer und beschere ihnen ein paar schöne Stunden. Dafür bezahlen sie mich.«

Kaum waren die Worte gefallen, richtete er sich ruckartig auf und verschüttete dabei den Kaffee.

»Mist!« Er rannte in das Bad, um ein Handtuch zu holen. Diese Gelegenheit nutzte Marie auf der Stelle. Sie sprang auf, griff nach der Unterwäsche, die auf dem Boden lag, und schlüpfte schnell hinein. Und ehe er sie aufhalten konnte, schnappte sie sich ihr Kleid, ihre Schuhe und die Handtasche und verließ fluchtartig den Raum. Marie konnte sich vage daran erinnern, dass sich direkt gegenüber seinem Zimmer der Aufzug befand. Ohne von jemand gesehen zu werden, schritt sie in die zufällig offene Tür und schloss sie sofort. Drinnen warf sie sich eilig ihr Kleid über und schlüpfte in die Schuhe. Wenige Sekunden später öffnete sich die Tür. Und Marie schritt, als wäre nichts gewesen, durch den Empfangsraum nach draußen.

Die folgenden Tage verbrachte Marie im Bett. Sie hatte sich eine Grippe eingefangen und auch sonst war sie nicht in der Lage, einfach so in den Alltag überzugehen. Das Treffen hatte Spuren hinterlassen. Nicht einmal Marguerite, geschweige denn ihren Vater, ließ sie an sich heran. Sie wollte einfach nur allein sein. Doch das Unwohlsein wurde nicht besser. Nach einer Woche kam Übelkeit hinzu und auf Marguerites Drängen hin fuhr sie zum Arzt.

Er untersuchte sie genau und nahm ihr Blut ab. Wenig später kam er zurück ins Zimmer und nahm ihr gegenüber Platz.

»Ich habe eine gute und eine schlechte Nachricht für Sie. Welche möchten Sie zuerst hören?«

Marie war nicht nach Rätseln zumute.

»Die Schlechte«, antwortete sie knapp.

»Ihr Unwohlsein ist nicht heilbar«, teilte ihr der Arzt mit.

Sie blickte ihn entsetzt an. Panik stieg in ihr hoch. Ereilte sie nun dasselbe Schicksal wie Josèphe und Elaine?

Mühsam presste sie die Worte hervor. »Und die Gute?"

»Es ist keine Krankheit«, dabei lächelte der Doktor.

»Wie, keine Krankheit? Aber was ist es dann?«

»Sie sind schwanger.«

»Was?« Er musste sich irren, es durfte nicht sein …

»Aber, das ist nicht möglich. In welcher Woche bin ich?«

Bitte, lass den Arzt irren. Jeder macht einmal einen Fehler, warum also nicht heute dieser Arzt. Marie klammerte sich an den letzten Funken Hoffnung.

»Es ist noch ganz frisch. Der HCG-Wert ist noch sehr niedrig. Aber es ist soweit alles in Ordnung.«

„In Ordnung? Nichts ist in Ordnung!" Marie war nun aufgesprungen.

»Beruhigen Sie sich. Ihr Kind merkt bereits jede Aufregung«, redete der Doktor beschwichtigend auf sie ein.

Wie sollte sie sich beruhigen, wenn sie nicht einmal den Namen des Vaters wusste und auch sonst nicht auf diese Situation vorbereitet war?

»Haben Sie jemand, den ich anrufen kann? Sie können in diesem Zustand unmöglich allein nach Hause fahren.«

Marie atmete ein paar Mal tief ein und aus.

»Es geht schon wieder«, meinte sie zuversichtlicher, als ihr tatsächlich zumute war.

Unsicher blickte der Arzt sie an.

»Sind Sie sich sicher?«, fragte er zweifelnd nach.

»Ja, wirklich. Ich brauche nur einen Moment, um den Schock zu verarbeiten.«

»Dann gehen Sie bitte noch für einen Moment ins Wartezimmer. Ich sage Bescheid, dass man Ihnen ein Glas Wasser bringen soll.«

»Vielen Dank«, nahm Marie dankend die Hilfe an. Nach ein paar Minuten hatte sie sich so weit gefasst, um einen Termin für die erste Untersuchung in vier Wochen zu vereinbaren. Dann ging sie eilig zum Auto. Marie wollte nach Hause. Sie musste sich Marguerite anvertrauen. Die erfahrene Frau würde wissen, was zu tun war.

Marguerite fiel wie erwartet aus allen Wolken.

»Aber Kind, wie konnte das nur passieren? Habt ihr denn nicht verhütet?«

»Natürlich schon.« Marie verheimlichte ihr jedoch, dass sie in den letzten zwei Wochen das ein oder andere Mal vergaß, die Pille zu nehmen. Doch Marguerite durchschaute sie natürlich.

»Du hast sie vergessen?«, fragte sie daher lauernd. Marie rechtfertigte sich: »An dem Abend, als ich Alexandre traf, habe ich einfach nicht mehr daran gedacht. Und auch an einem der folgenden Tage habe ich sie einmal vergessen. Es ist einfach so viel passiert in letzter Zeit. «

»Ach, Marie«, Marguerite schüttelte den Kopf.

»Hast du dir schon überlegt, wie es jetzt weitergehen soll? Wie willst du Geld verdienen?«

»Ich könnte mir vielleicht wieder als Angestellte in einer Bank etwas suchen.« Doch den Gedanken, wieder in einem völlig überfüllten, miefenden Büro zu arbeiten, schlug Marie sich sofort wieder aus dem Kopf.

»Bis zur Geburt und ein Jahr darüber hinaus komme ich über die Runden. Ich habe mir einiges angespart.«

»Aber was ist dann?«

»Marguerite, ich weiß, dass es nicht leicht werden wird. Aber ich möchte es wenigstens versuchen. Und es gibt für alles eine Lösung, das waren deine Worte gewesen.«

»Stimmt.« Marguerite gab sich geschlagen.

»Und was ist mit dem Vater des Kindes? Wirst du ihn suchen?«

Darüber hatte sich Marie auch schon Gedanken gemacht. So wohl wie bei ihm hatte sie sich schon lange nicht mehr gefühlt. Nicht einmal Josè konnte einst so tiefe Gefühle in ihr wecken.

»Ja, ich werde ihn suchen.« Und Marie hatte auch bereits einen Plan dafür.

Schon am nächsten Tag fuhr sie erneut zum Hotel. Sie musste ihre ganze Überzeugungskunst aufbringen, aber schließlich verriet man ihr den Namen, auf den das Zimmer gebucht worden war.

»Die Reservierung wurde auf Sebastièn Mathieu angelegt.«

»Er hat also die Wahrheit gesagt.«

»Wie bitte?" Die Frau hinter der Rezeption sah sie fragend an.

»Nichts.« Marie hatte gerade laut gedacht. Die Männer reservierten immer auf Rose. Unwissend, wie er anscheinend tatsächlich war, hatte er auf seinen echten Namen reserviert. Das war ihr Glück.

Am liebsten hätte Marie die Dame umarmt, wollte sie aber nicht weiter verunsichern und ließ es deshalb lieber bleiben.

»Hoffentlich finden Sie, wonach Sie suchen«, meinte diese noch freundlich zum Abschied.

»Vielen Dank, das hoffe ich auch.« Mit diesen Worten drehte Marie sich um und verschwand. Gleich nachdem sie durch die Drehtür ins Freie schritt, rief sie mit ihrem Handy bei der Auskunft an und ließ sich die Straße durchgeben. Sie lag zum Glück nur wenige Minuten vom Hotel entfernt.

Ihr Herz klopfte ihr bis zum Hals. Was solle sie ihm nur sagen? Würde er sich überhaupt freuen, sie wiederzusehen? Immerhin war sie nicht ganz ladylike aus dem Hotelzimmer verschwunden, ohne auch nur ein Wort des Abschieds zu verlieren. Doch sie war mit der Situation einfach überfordert gewesen.

Maries Aufmerksamkeit richtete sich wieder auf die Straßenschilder. In diesem Teil der Stadt war sie vorher noch nie gewesen und sie befürchtete, sich zu verfahren. Deshalb fuhr sie noch langsamer, um die Namen der Straßen lesen zu können.

Für einen Moment glaubte sie tatsächlich, falsch gefahren zu sein, doch dann stach ihr der Straßenname ins Auge. Erleichterung machte sich in ihr breit.

Sie bog in die Straße ein und fand direkt vor dem Haus einen freien Parkplatz.

Es war klein, machte aber einen ordentlichen Eindruck. Der Eingang führte durch einen mit Efeu bewachsenen Rosenbogen hindurch. Zusammen mit dem schön gepflasterten Weg bildete er ein elegantes Bild. Es harmonierte gut zu den weiß gestrichenen Wänden und hell gehaltenen Fenstern. Der Garten war nicht, wie bei ihr zu Hause verwildert, sondern gepflegt. Auch der Rasen war frisch gemäht, was sie daran erinnerte, dass auch ihrer daheim einen Schnitt dringend nötig hatte. Aber Marie fehlte hier eindeutig eine männliche Hand, die ihr helfend unter die Arme griff.

Ihr Blick wanderte weiter Richtung Haustür. Von einer Klingel aber war weit und breit nichts zu sehen.

»Hallo, ist hier jemand?«, rief sie zaghaft, doch niemand erwiderte ihr Rufen.

Sie probierte es noch einmal, dieses Mal lauter: »Haaallo, ist jemand zu Hause?«

Endlich hörte sie ein Geräusch. Durch das gekippte Fenster waren Schritte zu hören, die sich näherten.

»Ob er mich bereits an der Stimme erkannt hat?«, grübelte Marie und das Unwohlsein in der Magengegend nahm zu.

Doch Umkehren war keine Option. Sie trug schließlich ein Kind von ihm unter ihrem Herzen.

Und dann öffnete sich die Haustür und Sebastièn stand vor ihr, genauso sprachlos wie sie selbst.

Dennoch schaffte Marie es zuerst, sich wieder zu fassen:

»Hallo. Kannst du dich noch an mich erinnern?« Selbstverständlich würde er das. Zumindest hoffte es Marie. Sollte er nicht mehr wissen, wer sie war, würde es nämlich bedeuten, dass sie keinen bleibenden Eindruck hinterlassen hatte. Das würde wiederum ihre Hoffnung, dass ihm das Treffen nicht völlig gleichgültig war, schmälern.

»Natürlich, aber ich bin etwas überrascht, dich zu sehen.« Er klang etwas reserviert.

»Ich hatte auch nicht vor, nach dir zu suchen ...« rutschte es ihr heraus. Gleichzeitig war ihr bewusst, dass sie ihre Taktik ändern musste, um an ihn heranzukommen. Und es bedurfte einer gewissen Nähe, um ihm reinen Wein einschenken zu können. Ohne ihm die Möglichkeit zu geben, etwas darauf zu erwidern, fügte sie schnell hinzu:

»Ich habe dich nicht ohne Grund ausfindig gemacht. «

»Das habe ich mir fast gedacht.« Lässig lehnte er am Türrahmen und steckte seine Hände in die Hosentaschen. Zum ersten Mal betrachtete Marie ihn genauer. Er war bestimmt einen Kopf größer als sie und hatte dunkles, gewelltes Haar, das er locker nach hinten gekämmt hatte. Sein Dreitagebart und die Jogginghose dagegen trugen nicht unbedingt zu einem positiven Erscheinungsbild bei. Marie war etwas irritiert. Sein Aussehen passte nicht zu dem Mann, den sie in Erinnerung hatte. Es passte ebenso wenig zu dem gepflegten Anwesen, das sie hier vorfand. Wie konnte es möglich sein, dass sie diesen Mann so sehr begehrt hatte?

Geschockt und mit leicht geöffnetem Mund starrte sie ihn an.

»Ist alles in Ordnung?« Er ging einen Schritt auf Marie zu und stand nun unmittelbar vor ihr. Ihre Körper berührten sich beinahe. Erschrocken über seine plötzliche Nähe wich sie zurück.

»Warum bist du gekommen?«, wollte er wissen.

»Ich muss etwas mit dir besprechen. Aber das hier scheint mir nicht der richtige Ort zu sein.« Marie wollte plötzlich nur noch weg. Sie ertrug seine Nähe auf einmal genauso wenig wie den Gedanken, dass er der Vater ihres Kindes war.

»Dann lass uns heute Abend essen gehen?«, schlug er ihr vor.

Marie wollte schon verneinen, jedoch wurde ihr wieder bewusst, dass sie das Gespräch nicht auf die lange Bank schieben durfte.

»Einverstanden«, erwiderte sie stattdessen. Es klang jedoch nicht recht überzeugend. Ihr Gegenüber nahm ihren Tonfall zum Glück nicht zur Kenntnis oder verkniff sich einen Kommentar.

»Um zwanzig Uhr im „La Rouge“?“

Marie kannte die Bar. Sie befand sich zentral in Paris und war der Hotspot unter den Geschäftsleuten. Dort trafen sich abends viele von ihnen, um den stressigen Arbeitstag ausklingen zu lassen und mit Gleichgesinnten noch ein bisschen zu fachsimpeln. Marie war nur wenige Male dort gewesen, immer aus geschäftlichem Grund. Sie begleitete Männer und bescherte ihnen durch angenehme Gespräche und die eine oder andere Streicheleinheit einen angenehmen, unkomplizierten Abend. Heute Abend würde sie das erste Mal privat dort sein, noch dazu mit einer ernsten Angelegenheit.

»Ok, ich werde kommen.« Dann ging sie, ohne auf ein weiteres Wort zu warten, zum Auto, ließ den Motor an und fuhr auf dem schnellsten Weg nach Hause.

Je mehr sie über den Mann nachdachte und sich an jedes Detail der Nacht zu erinnern versuchte, umso unsicherer wurde sie.

War es wirklich richtig, zu dieser Verabredung zu gehen? Sie sah durch das Küchenfenster den vorbeifahrenden Autos nach. Es war heute ungewöhnlich viel los für einen Freitagabend. Im Dorf, das aus weniger als zwanzig Häusern bestand, war es meistens schön ruhig. Nur die Verbindungsstraße zur nächstgelegenen, größeren Ortschaft sorgte an manchen Tagen für etwas mehr Verkehr. Marie störte der Lärm, den die Fahrzeuge verursachten, nicht. Ihr Schlafzimmer lag auf der Rückseite des Hauses, das an die Wiese und das unmittelbar daran angrenzende Waldstück anschloss. Hier fand sie selbst bei geöffnetem Fenster immer die Ruhe, nach der sie sich nach ihren Verabredungen sehnte.

Der Gedanke, dass sie ihren Job womöglich schon bald nicht mehr ausüben konnte, bereitete ihr Angst. Mittlerweile fand Marie viel Gefallen daran und sie genoss jede Verabredung. An manchen Abenden redete sie einfach nur mit ihren Kunden und traf sich dazu in einer Bar mit ihnen. Nur wenige Kunden besuchte sie zu Hause. Davor hatte Marie am meisten Respekt. Ganz allein und ihnen damit völlig ausgeliefert zu sein, bereitete ihr nach wie vor Unbehagen. Doch zum Glück musste sie noch keine negativen Erfahrungen machen. Deshalb fing sie langsam an, auch diese etwas vertrauteren Momente zu genießen.

»Und jetzt soll alles vorbei sein?«, dachte sie traurig.

Mit den Fingern klopfte sie auf die dunkle, zerkratzte Arbeitsplatte, während sie nachdachte.

»Vielleicht kann ich ja nach der Geburt einfach wieder so weitermachen«, spekulierte sie weiter.

An diese Option hatte Marie vorher noch keinen Gedanken verschwendet. Obwohl dies natürlich eine Möglichkeit darstellte, die sie nicht aus den Augen verlieren wollte. Nun musste sie aber erst einmal sehen, was das heutige Treffen mit sich brachte.

Nervös betrat sie am Abend die Bar. Marie trug ein enges, schwarzes Kleid, dessen tiefer Rückenausschnitt ihre makellose Kehrseite gut zur Geltung brachte. Sie streifte die Jacke ab und hängte sie an den dafür vorgesehenen Haken. Dabei spürte sie die Blicke der Männer in ihrem Rücken. Nachdem sie sich umdrehte und an den Tresen schritt, um sich ein Glas Wein zu bestellen, kam auch gleich ein Herr auf sie zu.

»Es tut mir leid, ich bin verabredet«, wehrte sie ihn höflich, aber bestimmt ab.

»Dann entschuldigen Sie die Störung. Ich wünsche Ihnen einen schönen Abend«, mit diesen Worten entfernte er sich wieder.

Marie nickte lächelnd und widmete sich ihrem Glas, das die Bedienung gerade abstellte. Sie war überpünktlich. Es blieben ihm also noch genau zehn Minuten, ehe er erscheinen sollte. Eine Dame warten zu lassen, war unhöflich und sprach für einen schlechten Charakter, den man in solchen Kreisen eigentlich selten vorfand. Doch seinem Auftreten nach schätzte sie ihn eher so ein, als gehöre er zu dem Typ Männer, denen es gleichgültig war, dass sich eine Frau stundenlang für eine Verabredung herausputzte. Wahrscheinlich würde er in Jeans und Pullover erscheinen, unrasiert und ohne Manieren.

Bei dem Gedanken daran wurde ihr unwohl und sie nahm einen Schluck, um ihre Bedenken hinunterzuspülen. Sie wollte gerade das Glas absetzen, da richtete sich ihr Blick zur Tür. Herein kam ein Mann, sie schätzte ihn auf etwa Ende dreißig. Er trug eine dunkle Jeans und dazu ein edles, schwarzes Hemd. An seinem rechten Handgelenk prangte eine pompöse Armbanduhr und seine Füße steckten in eleganten Lederschuhen. Sie glänzten, als wären sie gerade frisch poliert worden. Langsam wanderten ihre Augen hinauf zu seinem Gesicht. Der Hut, den er trug, bedeckte seine Stirn und ließ nur einen Blick auf seine Nase und seinen Mund zu. Er trug einen gepflegten Bart. Langsam näherte er sich der Bar. Und je näher er kam, desto intensiver nahm sie seinen unverwechselbar männlichen Duft wahr.

Er stand nur noch einen Schritt von ihr entfernt. Mit der linken Hand nahm er den Hut ab, die rechte reichte er Marie zur Begrüßung.

»Hallo, ich bin Sebastièn. Verrätst du mir deinen Namen? «

Sie war sprachlos und nicht fähig, ein Wort über ihre Lippen zu bringen.

»Marie« brachte sie schließlich leise hervor, ohne ihre Augen von ihm zu lassen. Dieser Blick, diese Augen und dieser Geruch – Marie fühlte, wie ihr warm wurde. Plötzlich regte sich in ihr wieder das Verlangen, das sie vor wenigen Tagen dazu verleitete, sich diesem Mann ganz und gar hinzugeben.

War es wirklich möglich, dass allein der Geruch sein komplettes Erscheinungsbild in einem anderen Bild auf sie wirken ließ? Dabei war er doch derselbe Mann, der noch vor wenigen Stunden völlig gegensätzliche Gefühle in ihr hervorrief.

Während Sebastièn auf dem Barhocker neben ihr Platz nahm und sich einen Jenlain Ambrèe bestellte, beobachtete Marie ihn unauffällig.

Er war frisch rasiert und auch sonst hatte er nichts mehr gemeinsam mit der ungepflegten Person, der sie am selben Tag gegenüberstand. Zudem strömte er diesen unverwechselbaren Duft aus.

»Dein Parfüm …« Marie schloss für einen Moment die Augen. Im selben Moment musste sie an Marguerite denken und an das Geheimnis um die Herstellung ihres Parfüms. Marie wartete immer noch darauf, dass sie von sich aus auf sie zukam und sie darin einwies – vergebens.

»… ist sozusagen ein Erbstück meines Vaters«, sprach er Maries Satz zu Ende und riss sie damit aus ihren Gedanken. Eindringlich sah sie ihn an und wartete darauf, dass er weiter von sich erzählte.

»Er ist vor zwei Jahren gestorben. Niemand hat mit seinem Tod gerechnet, am allerwenigsten ich.« Er brach ab.

»Warum erzähle ich dir das alles eigentlich? Wir kennen uns doch noch nicht einmal!«

»Es wird uns nichts anderes übrig bleiben, als dass wir uns kennenlernen.« Diesen Satz behielt

Marie jedoch für sich, obwohl sie ihn nur zu gerne ausgesprochen hätte.

»Schon gut«, erwiderte sie stattdessen.

»Ich habe meine Mutter auch vor einiger Zeit verloren.« Diesen Verlust auszusprechen, schmerzte sie immer noch, wenn es auch mit der Zeit einfacher wurde, darüber zu reden.

»Das tut mir ehrlich leid, ich weiß, wie das ist«, sagte er mitfühlend.

Marie nickte nur stumm. Sie glaubte ihm.

»Er hinterließ mir seine Firma L'Atisane Parfumeur.«

«Du bist der Besitzer von …« Der Name blieb ihr im Hals stecken. Natürlich kannte sie diese Parfümerie. Es war die Nobelste in ganz Paris. Sprachlos starrte sie ihn an.

Ihre Erstauntheit versetzte ihn in Entzücken und er lehnte sich lächelnd zurück. Marie wollte auf diese überheblich wirkende Geste hin eigentlich sauer auf ihn sein, doch es gelang ihr kein bisschen.

»Na, sieh einer an. Jetzt bin ich aber derjenige, der für Überraschungen sorgt.«

Marie hatte seit ihrem Treffen keinen Gedanken mehr daran verschwendet, dass sie mit ihrer überstürzten Flucht aus dem Hotelzimmer wohl für Erstaunen gesorgt hatte. Aber dank seines wenig charmanten Kommentars fühlte sie sich plötzlich schäbig, weil sie ihn einfach hatte sitzen lassen.

Gleichzeitig aber kochte Wut in ihr hoch, weil Marguerite wegen ihm ihren Job verlor.

Trotzdem überwog das schlechte Gewissen.

»Es tut mir leid, dass ich einfach gegangen bin.«

»Von Gehen kann wohl keine Rede sein. Vielmehr musst du gerannt sein«, zog er sie auf.

Marie neigte ihren Blick Richtung Füße, weil sie es nicht ertrug, sein Gesicht mit dem verschmitzten Lausbubengrinsen anzublicken. Er hatte sichtlich Spaß daran, sie zu ärgern. Und Marie erkannte wieder diese Seite an ihm, die sie schon in jener Nacht so faszinierte. Diese Mischung aus einem Gentleman, der einen ungeheuerlichen Sexappeal ausstrahlte, und die lockere, sympathische Art, mit der er sie um den Finger wickelte. Diese Seite passte aber gar nicht zu dem smarten Geschäftsmann, wie man ihn aus den Medien kannte.

«Interessanter Beruf, den du da ausübst», forderte er es aufs Neue heraus.

Marie fühlte sich ertappt und peinlich berührt. Von einem Kunden auf diese Weise auf ihren Job angesprochen zu werden, war ihr fremd und unangenehm.

Am liebsten wäre sie aufgesprungen und hinausgerannt, doch es war wieder sein verschmitzter Gesichtsausdruck, der sie milde stimmte.

Genauso schnell, wie sie die Wut überkam, war sie wieder verflogen. Und sie verspürte mit einem Mal das Bedürfnis, ihm ihre ganze Geschichte zu erzählen. Marie hatte noch nie zuvor mit einem Mann so offen reden können. Aber hier, in seiner Gesellschaft, war plötzlich alles so leicht.

Sebastièn hörte ihr interessiert zu. Die Geschichte mit ihrem Vater ließ sie aus, jedoch erwähnte sie Marguerite und deren ausgeübten Beruf.

Er musste wohl ihren bitteren Unterton bemerkt haben, denn als Marie davon berichtete, dass sie in ihrem Alter, kurz vor der Rente, keine Anstellung mehr fand, unterbrach er sie.

»Mein Vater konnte nichts dafür, dass die Drogerie aufgelöst wurde. Die meisten Bewohner in dem kleinen Ort zog es in die Stadt. Ein Geschäft auf dem Land war deshalb einfach nicht mehr rentabel und als Zweigstelle nicht mehr tragbar.«

Marie wusste, dass er recht hatte, doch sie konnte nicht anders und musste Marguerite verteidigen.

»Trotzdem hätte er sich im Klaren darüber sein sollen, das einige Menschen dadurch ihren Lebensinhalt verloren haben.«

»Es ist doch nur ein Beruf?«

»Für Marguerite war es viel mehr als das. Es war ihr Leben.« Marie war drauf und dran, ihm von dem Geheimnis, welches das Parfüm umgab, zu erzählen. Sie konnte es sich aber gerade noch verkneifen.

»Aber wir sind doch nicht hierhergekommen, um zu streiten, oder?«, versuchte er sie zu beschwichtigen.

»Nein, natürlich nicht«, gab Marie nach. Es hatte sowieso keinen Sinn, über Dinge, die längst der Vergangenheit angehörten, zu reden.

»Nein«, wiederholte sie, »es hat einen anderen Grund, warum ich dich aufgesucht habe.«

Doch mittlerweile war dies nicht mehr der einzige Grund. Marie spürte, dass dieser Mann mehr in ihr auslöste. Doch sie konnte nicht einschätzen, ob er wirklich etwas für sie empfand oder ob er nur aus reiner Neugierde erschienen war. Ein Mann seines Formates würde bestimmt nicht sein schickes Haus in der Stadtmitte aufgeben und zu ihr in das alte, marode Haus mit dem verwilderten Garten ziehen, um mit ihr und einem Kind darin alt zu werden. Doch Marie wusste, dass ihre Spekulationen zu nichts führen würden. Auf keinen Fall wollte sie, dass es ihrem Kind einmal genauso ergehen würde wie ihr selbst. Sie musste ihm reinen Wein einschenken.

Dazu hatte sie sich eine sanfte und eine härtere Methode überlegt. Marie entschied sich für Letztere.

»In der Nacht im Hotel ist etwas passiert«, begann sie.

»Ja, das kann man wohl sagen.« Jetzt sah er ihr direkt in die Augen und sein Blick wurde sanft, ehe er fortfuhr.

»Du hast mich fasziniert, wie schon lange keine mehr. Um ehrlich zu sein, bist du die interessanteste Frau, die ich je kennengelernt habe.«

Marie wollte mehr davon hören, hatte jedoch Angst, dass sie dann der Mut verlassen würde. Deshalb ging sie nicht näher auf sein Kompliment ein, obwohl sie es gerne zurückgegeben hätte.

»Die Nacht blieb nicht ohne Folgen für uns beide.« Jetzt wurde seine Miene ernst.

»Habe ich etwas Falsches getan? Habe ich gar eine Regel nicht beachtet?«

Marie schüttelte den Kopf. Ihre Hände legte sie nun bedeutsam auf ihren Bauch. »Hast du Schmerzen?« Im selben Moment, in dem er die Worte zu Ende gesprochen hatte, wurde er kreidebleich. Sein Ausdruck bewegte sich irgendwo zwischen Entsetzen und Ohnmacht.

»Das ist nicht möglich … Wir, …. Du, ….« Er stotterte mehr, als dass seine Worte flüssig über seine Lippen kamen.

»Ich hatte private Probleme, deshalb habe ich wohl das ein oder andere Mal vergessen …«

»Wie kann man so etwas vergessen?« Wütend sprang er auf, setzte sich aber sofort wieder, als er die fragenden Blicke der anderen Gäste auf sich spürte.

»Hättest du mal auch dafür gesorgt, dann wäre es gar nicht so weit gekommen«, versuchte sie die Schuld auf ihn zu schieben.

»Das bringt doch jetzt nichts«, schon wieder etwas gefasster nahm er einen großen Schluck aus dem Glas vor ihm. Nachdem er es wieder abstellte, schlug er die Hände vors Gesicht.

»Und nun?« Fragend sah Marie ihn an.

»Wir werden das schon hinbekommen, oder?« Mit dieser Antwort hatte Marie am allerwenigsten gerechnet. Sie hatte vielmehr erwartet, dass er sie anschreien würde, sie wolle nur sein Geld oder dass er ihr gar zu einer Abtreibung raten könnte. Die Worte, die er nun aber sprach, klangen eher danach, dass er Interesse hatte, am Leben seines zukünftigen Kindes teilzuhaben. Und vielleicht sogar auch an ihrem?

Doch Marie wollte ihm nicht noch mehr zumuten, deshalb beschloss sie, ihre Gefühle noch für sich zu behalten, bis sie sich wirklich sicher war. Es stand zu viel auf dem Spiel, als dass sie heute leichtfertig eine Entscheidung treffen wollte. Ihr Kind würde einen Vater haben, das war das Wichtigste, was sie sich von diesem Abend erhofft hatte.

Marguerite war weniger begeistert, als ihr Marie von dem Abend erzählte.

»Wegen diesem Mann habe ich meine Arbeit verloren.« Sie stand auf und ging im Wohnzimmer hin und her.

»Der Beruf war mein Leben.«

»Aber Sebastièn kann doch nichts dafür. Es war die Entscheidung seines Vaters«, entgegnete Marie.

»Aber er ist genauso ein Geschäftsmann wie sein Vater. Er hätte wahrscheinlich dieselbe Entscheidung getroffen.« Marguerite ließ sich wieder in den Sessel fallen.

»Marguerite, bitte, lass es gut sein.« Das gestrige Treffen und die Geschehnisse der letzten Tage hatten sie sehr mitgenommen. Sie war nicht dazu aufgelegt, sich mir ihr zu zanken. Marie wollte einfach nur mit jemanden reden. In ihrem Kopf herrschte ein solches Durcheinander. Sie hoffte, wenn sie die Worte aussprechen würde, dass sie dadurch für Klarheit sorgen könnte. Denn es stand ihr noch das Treffen mit ihrem Vater bevor. Auch ihm musste sie die ganze Wahrheit erzählen. Und damit meinte sie nicht nur, dass er bald Urgroßvater werden würde.

»Du machst dir Sorgen darüber, wie es nun weitergehen soll?« Marguerite erriet, wie so oft, ihre Gedanken und machte es ihr damit leicht, sich zu öffnen. Manchmal benötigte sie einfach nur einen Anstoß in die richtige Richtung. Marie war dankbar darüber, dass Marguerite sich immer die Zeit nahm und die Geduld fand, ihr zuzuhören. Denn eigentlich war es sehr einsam um sie geworden, seit sich Josè von ihr trennte, und sie danach diesen Beruf ausübte.

Zu Beginn bemerkte sie es nicht, doch nach und nach spürte sie, wie das eigentliche Leben an ihr vorbeizog. Vielleicht war sie deshalb, nachdem sie den anfänglichen Schock verdaute, gar nicht so entsetzt darüber, dass sie nun ein Kind erwartete. Dieses kleine Wesen würde diese Lücke füllen, so wie sie es bei Josèphe getan hatte. Manchmal waren sie mehr wie Schwestern anstatt Mutter und Tochter gewesen. Erst jetzt wurde ihr bewusst, dass auch ihre Mutter außer ihr und Marguerite keine Vertrauten hatte. Sie pflegte keinen Kontakt zu den anderen Bewohnern im Dorf. Was wohl auch daran lag, dass die nächsten Häuser sich einige Hundert Meter von ihrem und Marguerites entfernt befanden.

»Du brauchst eine Ablenkung.« Marguerite griff nach ihrer Hand und zog sie hinter sich her. Auf dem Flur befand sich eine dunkle Holztür, die den Weg hinunter in den Keller freigab. Das war der einzige Ort in Marguerites Haus, den Marie noch nicht kannte. Weshalb sollte sie auch ihr Keller interessieren? Umso verwunderter war sie jetzt, dass sie ausgerechnet dort hinuntergeführt wurde. Die Treppe war morsch, was sich in dem Geruch bemerkbar machte, der ihr entgegenschlug. Marie hielt sich mit einer Hand die Nase zu. Die andere ließ sie fest in Marguerites Hand. Am Ende der Treppe angelangt, öffnete ihre Freundin eine weitere Tür.

Marguerite ließ ihre Hand los, um das Licht anzuknipsen. Im selben Moment ließ Marie ihre Hand von ihrer Nase sinken. Der unvergleichliche Duft der Rose erfüllte den ganzen Raum. Marie sah einen Tisch, der wegen der Enge darin unmittelbar vor ihr stand. Auf ihm reihten sich unzählige Flaschen aneinander. Ein Gerät, bei dem es sich um ein Destiliergerät handelte, wie ihr Marguerite später erklärte, befand sich am Ende des Raumes auf einer dunklen Kommode. Einer der Schubladen stand offen und Marie sah leere Flaschen darin. Die Flaschen, in die das Parfüm gefüllt wurde.
Marie war überwältigt von dem Anblick und unsagbar glücklich, dass sie nun endlich die Möglichkeit bekam, dass letzte Geheimnis, das es ihr

möglich machte, das Erbe vollständig weiterzu-
führen, zu lüften.

»Marguerite, darf ich wirklich versuchen, dieses
Parfüm herzustellen?«

»Deswegen sind wir hier hergekommen.«

Marguerite schritt zu dem Schrank, der sich
gleich rechts neben ihnen befand, öffnete ihn und
zog zwei weiße Kittel heraus.

»Hier, zieh ihn bitte an.« Mit diesen Worten reichte sie ihr einen davon, während sie sich den anderen selbst überstreifte.

Dann ging sie zum nächsten Tisch, es waren insgesamt drei große, längliche aufgebaut. Darauf
lagen viele Rosenblätter zum Trocknen auf einem
Sieb verstreut.

»Es gibt verschiedene Möglichkeiten, um den Duft
herauszufiltern.« Marguerite war nun ganz in
ihrem Element.

»Welche ist die Einfachste?« Auf keinen Fall wollte Marie, dass es ihr so erging wie den Generationen zuvor.

»Da muss ich dich leider enttäuschen. Leicht ist
keine davon. Die Parfümherstellung ist ein höchst
komplizierter Vorgang.« Sie nahm ein Rosenblatt
zwischen ihre Finger und rieb es leicht. Dann
führte sie es an ihre Nase und roch konzentriert
daran.

»Ihre Zeit ist gekommen«, nickte sie ihrer Schüle-
rin zu.

Marie tat es ihr gleich. »Aber wie erkenne ich, ob sie lange genug geruht haben?«

»Es gibt kein Patentrezept dafür. Man weiß es einfach.« Mit dieser Antwort wollte sich Marie aber nicht zufriedengeben.

»Aber es muss doch einen Anhaltspunkt geben, an dem ich mich orientieren kann?«

»Leider nein. Das macht die Sache ja so kompliziert. Es ist vielmehr ein Gefühl.« Marguerite merkte ihr die Enttäuschung an.

»Es tut mir leid, wenn ich kein Patentrezept für dich habe. Sieh mir einfach zu.« forderte sie Marie stattdessen auf. Marguerite füllte die Blätter in das Gerät, in dem sich eine durchsichtige Flüssigkeit befand.

»Destilliertes Wasser«, erklärte Marguerite. Marie fragte nicht, wie viele Rosenblätter nötig waren, denn die Antwort darauf kannte sie.

»Außerdem benötigt man noch dieses hier.« Sie griff nach einer braunen Flasche. »100%iger Alkohol und etwas davon.« Sie stellte sie ab und holte eine andere.

»Das ist Öl, oder?« Marie wusste, dass diese drei Substanzen zur Herstellung nötig waren.

»Richtig.« Wenig beeindruckt von ihrem Wissen stellte Marguerite die Flasche ebenfalls ab.

»Der Vorgang dauert etwa zwei Stunden. Ich hoffe, du hast dir heute nichts mehr vorgenommen?« Und selbst wenn, nichts könnte jetzt für Marie wichtiger sein. »Nein. Wir können uns also ruhig Zeit lassen.«

Während der ganzen Zeit im Keller dachte sie keinen Moment an Sebastièn. Erst als sie wieder dem Tageslicht ausgesetzt war, dachte sie wieder an ihn. Und an das Date, das sie morgen Abend mit Monsieur M. hatte. Doch Marguerite hindert sie daran, ihren Gedanken zu sehr nachzuhängen.

»Bist du sehr enttäuscht, weil es nicht geklappt hat?«

»Natürlich wäre ich froh darüber gewesen. Aber es soll wohl nicht sein, das ich auch dieses Erbe fortführe.«

Marie wagte sich nicht auszusprechen, was wohl einmal sein würde, wenn Marguerite nicht mehr bei ihr war.

»Mach dir nichts daraus, mein Kind. Es wird schon seine Gründe haben. Dafür hast du die Gabe der Kunst des Verführens in die Wiege gelegt bekommen.«

Marguerite zwinkerte ihr verschwörerisch zu und tätschelte ihren Arm.

»Lass uns nach draußen gehen, es ist so ein herrlicher Tag heute. Außerdem kommt Alexandre bestimmt noch vorbei.«

»Bestimmt« äffte Marie sie nach.

Er besuchte sie fast täglich. Marie hingegen bekam ihn kaum noch zu Gesicht, außer sie hielt sich zufällig bei ihrer Nachbarin auf. Doch manchmal schien sie von der Vertrautheit und Innigkeit der beiden ausgegrenzt zu sein, weshalb sie sich dann meistens zurückzog. Marie gönnte ihnen das Glück von Herzen. Doch jetzt, wo Marguerite ihr nicht mehr uneingeschränkt zur Verfügung stand, merkte sie erneut, wie leer ihr Leben, abgesehen von den wenigen prickelnden Stunden, die ihr der Job bescherte, eigentlich war. Sie gingen hinaus ins Freie, den Weg entlang zu der kleinen Sitzgruppe mitten im Garten. Im selben Moment kam schon Alexandre durch das Tor geeilt und Marguerite und er fielen sich in die Arme. Das war der Moment, in dem Marie eine schwerwiegende Entscheidung fällte.

Sebastièn war sofort damit einverstanden, als Marie ihn noch am selben Tag bat, sie zu besuchen. Sie wollte keine Zeit mehr verlieren, um auf den richtigen Moment, der sowieso nie kam, zu warten.

Während die Stunden bis zur vereinbarten Uhrzeit verstrichen, bereitete Marie ein einfaches Ratatouille zu. Es war das einzige Gericht, das sie sich hin und wieder kochte. Die meiste Zeit lebte sie vom Lieferservice oder sie speiste bei ihrer Nachbarin. Der Anlass heute war ihr aber den Aufwand wert. Sie hatte dafür extra noch frisches Baguette besorgt. Zufrieden betrachtete sie zuletzt den gedeckten Tisch. Dann ging sie hinauf ins Badezimmer, um sich in Schale zu werfen. Während sie sich wusch, eines ihrer neuen Kleider überstreifte und sich anschließend frisierte, dachte sie ununterbrochen an Sebastièn. Sie sehnte sich danach, wieder von ihm berührt zu werden.

Marie wollte gerade das Handtuch in die Box für Schmutzwäsche werfen, als sie dabei ihr Handy streifte und dieses dadurch zu Boden fiel. Sie hob es auf und sah, dass das Nachrichtensymbol aufblinkte.

#Guten Abend R. Können wir den morgigen Termin um eine Stunde vorverlegen?#

Marie zögerte nicht lange, ehe sie die Antwort eintippte.

#Guten Abend, Monsieur M. Ich bedauere es sehr, aber ich muss Ihnen mitteilen, dass wir nicht ins Geschäft kommen. Ich beende die Geschäftsbeziehung. Grüße R.#

Erleichtert und befreit legte sie das Handy beiseite. Nun war sie frei, frei für Sebastièn.

Es überraschte sie nicht, dass er ihr zur Begrüßung keinen Blumenstrauß, sondern ein teures Parfüm überreichte. Marie ließ es sich nicht nehmen und sprühte einige Stöße auf ihr Handgelenk, um daran zu riechen. Es roch nach einer Blumenwiese, nach frisch gemähtem Gras. Aber die liebliche Note war bereits nach einigen Sekunden verflogen. Es blieb der herbe Duft von Tannen und Moschus in ihrer Nase hängen. Das Parfüm war genau nach ihrem Geschmack.

Sebastièn erzählte ihr beim Essen, wie es dazu gekommen war, dass er nun die Geschäfte alleine leitete.

»Mutter hat sich nie groß dafür interessiert. Sie genoss lieber das süße Leben, das mein Vater ihr finanzierte. Nach seinem Tod zog sie mit ihrem Liebhaber weg. Sie wollte keine Rücksicht auf den Ruf des Hauses nehmen und beschloss daher, ihrer Vergangenheit endgültig den Rücken zu kehren.«

Marie konnte verstehen, dass er deswegen einen Groll gegen sie hegte. Aber sie traute sich nicht, darüber zu urteilen, zumal sie nur eine Seite der Geschichte kannte. »Habt ihr noch Kontakt?«, wollte sie stattdessen wissen. »Nein. Und ich will es auch gar nicht. Schließlich hat sie mich damals allein gelassen. Auch später zeigte sie kein Interesse an meinem Leben. Sie hat sich nie bei mir gemeldet.«

Marie stocherte in ihrem Essen herum. Ihr war der Appetit vergangen. Auch Sebastièn schob den noch halb vollen Teller beiseite.

»Ich war gerade mit meinem Studium fertig und wollte eigentlich nach Deutschland gehen. Doch es kam anders als geplant.«

»Das tut es doch immer,« entgegnete ihm Marie und streichelte dabei unbewusst über ihren Bauch.

Die ganze Zeit über hatte keiner es gewagt, das Thema auf die Schwangerschaft zu lenken. Nun aber war es so präsent, dass sie es unmöglich länger totschweigen konnten.

»Hast du dich schon mit dem Gedanken angefreundet, Vater zu werden?«, fragte sie ihn zaghaft.

»Es mag komisch klingen, aber eigentlich war das nicht schwierig. Die letzten Monate habe ich jede Energie, meine ganze Zeit, in die Firma gesteckt. Es gab viele Tage, an welchen ich mich gefragt habe, ob das alles ist im Leben. Aber jetzt macht es plötzlich einen Sinn, verstehst du?«

»Nur zu gut. Mir geht es genauso«, stimmte sie ihm zu. Denn seit der Nacht mit ihm wurde ihr mit jedem Tag bewusster, dass sie sich nach einem festen Partner in ihrem Leben sehnte. Und die ungeplante Schwangerschaft brachte ihren jahrelang erfolgreich verdrängten Wunsch nach einer Familie wieder zum Vorschein.

Er erhob sich und ging auf sie zu. Dann nahm er ihre Hand und forderte sie auf, es ihm gleichzutun. Mit einer Hand strich er ihr eine Strähne aus dem Gesicht. Mit der anderen Hand fasste er ihre Taille und zog sie dicht an sich heran. Auf diesen Moment hatte Marie die letzten Stunden gewartet. Sie schloss die Augen und hoffte inständig, dass die Zeit für einen Moment stillstehen würde. Sie wollte diesen Moment festhalten, so wie Marguerite den Duft der Rose festhielt. Wenn es doch nur möglich wäre, dieses Gefühl zu destillieren und für immer haltbar zu machen.

Als sie am nächsten Morgen erwachte, brauchte sie einen Moment, um das Geschehene zu begreifen. Doch als sie seinen Arm spürte, der um sie geschlungen war, war alles wieder da. Dieses Gefühl, das ihren ganzen Körper bis in die Zehenspitzen durchflutete. Dieses Gefühl, das sie nie mehr missen wollte.

Fünf Monate später

Sebastièn war noch nicht da, als Marie an einem Nachmittag das Zimmer ihrer Mutter betrat. Am Abend zuvor hatten sie besprochen, dass es nun an der Zeit war, es auszuräumen. Es sollte das Zimmer ihrer Tochter werden. Marie stimmte dem zu. Aber jetzt fiel es ihr unglaublich schwer, sich davon zu trennen. Doch sie hatte keine andere Wahl.

Bald würde Sebastièn einziehen und dann dauerte es nicht mehr allzu lange bis zur Geburt. Sie war glücklich darüber, dass er sich bereitwillig dazu erklärte, sein Haus in der Stadt aufzugeben, um zu ihr zu ziehen. So war es für alle am Besten.

Marie konnte Marguerite besuchen, wann immer sie wollte. Ihre Nachbarin würde ihr bestimmt das ein oder andere Mal auf das Baby aufpassen. Alexandre hatte inzwischen ebenfalls sein Appartement in Paris aufgegeben und wohnte seit ein paar Wochen bei Marguerite. Zusammen mit Sebastièn würde er sich in den Wochen bis zur Geburt den Garten vornehmen, um ihn auf Vordermann zu bringen. Maries Hoffnung, dass sich die beiden auf Anhieb verstehen würden, bestätigte sich. Sie waren vom ersten Tag an wie Vater und Sohn.

Manchmal konnte Marie ihr Glück kaum fassen und sie zählte die Tage, bis hier endlich wieder Leben einkehrte. Sebastièns einziger Bitte, die

Vergangenheit ruhen zu lassen, kam sie deshalb gerne nach. Nur das Wegräumen der Kleider fiel ihr schwer.

Sie wollte den Schrank gerade öffnen, da hielt sie für einen Moment inne. Es kam ihr so vor, als wäre ihr Bauch über Nacht wieder ein Stück größer geworden. Nachdenklich betrachtete sie ihren Körper im Spiegel. Mit geschlossenen Augen fuhr sie an ihm entlang. Jeden einzelnen Millimeter kannte sie auswendig und wusste, wie sie auf welche Berührungen reagierte. Doch dieser Körper wird nur noch einem gehören. Sie würde ihn nur noch einsetzen, um ihn zu verführen.

Entschlossen griff sie nach der Schranktür. Dann nahm sie jedes einzelne Kleidungstück und löste es vom Bügel. Vorsichtig faltete sie die schönen Kleider zusammen und verstaute sie sorgfältig in einem Karton.

Bei dem roten Kleid zögerte sie einen Moment lang. Sie nahm es mit beiden Händen und sog den Duft, der von dem seidigen Stoff ausging, auf. Es roch nach Rosen, nach Lust und nach Leben. Sie brachte es nicht übers Herz, es zu den anderen Gewändern zu legen. Deshalb hängte sie es zurück in den Schrank. Irgendwann würde sie ihrem Kind erklären, was es mit dem Kleid auf sich hatte, und das es bereits ihre Oma und Uroma trug.

Den bis zum Rand gefüllten Karton brachte sie anschließend auf den Dachboden.

»Diese Dinge gehören nun der Vergangenheit an.«

Nach weiteren drei Monaten

Die Rosen blühten und ein warmer Wind rauschte durch die Bäume und ließ einzelne Blätter herunterfallen. Es war erst September, doch als sie am Morgen die Post holte, roch es bereits nach Herbst. Marie hatte sich inzwischen mit dieser Jahreszeit angefreundet. Mehr noch, sie sehnte sogar die Zeit herbei, in der die Kälte dazu beitragen würde, noch enger zusammenzurücken und sich abends auf der Couch einzukuscheln. Sie drückte ihre kleine Tochter zärtlich an sich und schlug die Decke, in die sie eingewickelt war, noch enger um sie.

»Meine kleine Rose«, mit ihrem Finger fuhr sie die winzigen Konturen ihres Gesichtes nach. »Wie wundervoll du doch bist«.

Sie betrachtete den Garten, in dem Alexandre mit viel Liebe das ganze Unkraut und die alten Bäume entfernt hatte. Den ganzen Sommer über arbeitete er mit viel Leidenschaft daran, ihn wieder ansehnlich zu machen. Das war ihm wirklich gelungen. Marie sah sich zufrieden um. Der Garten glich nun einem kleinen Schmuckstück. Die Rosen, die Marguerite verjüngt und neu eingesetzt hatte, reihten sich in ein harmonisches Gesamtbild ein. Marie war so in Gedanken, dass sie nicht mitbekam, wie sich ihr jemand näherte. Es war ihre Nachbarin, die wohl Sehnsucht nach der kleinen Rose verspürte.

»Entschuldigung, wenn ich dich überfalle«, Marguerite kam näher und nahm neben ihr auf der Bank Platz, »aber ich hatte solche Sehnsucht nach der bezaubernden Madame.« Marguerite kam, so oft sie konnte. Sebastièn hatte dafür gesorgt, dass die Parfümerie wieder stundenweise geöffnet war. Marguerite kaufte sich mit dem Ersparten, das Marie ihr überließ, als Teilhaberin ein und blühte seit diesem Zeitpunkt regelrecht auf. Marie war dankbar, dass sie ihr Geld angenommen hatte. Für sie war es das Mindeste. Außerdem war es ihr wichtig, um endgültig mit der Vergangenheit abzuschließen. Auch wenn sie die Zeit nicht missen wollte. Die Geschehnisse hatten sie selbstbewusst und reicher an Erfahrung gemacht, aber nicht glücklich.

Glück bedeutete für Marie ihre Familie und vor allem ihre Tochter. Seit sie da war, bildeten sie eine richtige Familie. So wie Marie es sich immer wünschte. Und auch wenn Josèphe und Elaine nicht mehr erleben konnten, welches Glück Rose mitbrachte, würde ein Teil von ihnen in ihr weiterleben. So wie ihre Oma in ihrer Mutter und ihre Mutter in ihr weiterlebten. Das war der Kreislauf des Lebens und Marie fand sich inzwischen damit ab, dass sie es nicht beeinflussen konnte, wann ihre Zeit gekommen war. Sie verdrängte den Gedanken nicht, dass auch ihr Leben ohne Vorwarnung vorbei sein konnte. Aber sie ließ ihn auch nicht überhandnehmen. Marie wollte einfach nur leben und genießen, so wie es die Frauen in den

Generationen vor ihr getan hatten, wenn auch auf eine andere Art und Weise.

Sie schluckte die aufsteigende Träne hinunter, aber vor Marguerite konnte sie trotzdem nicht verheimlichen, welche trüben Gedanken sie gerade durchlebte.

»Ist etwas mit Rose?«, fragte ihre Freundin besorgt.

»Nein, Marguerite, das ist es nicht. Vielmehr sind es die Momente im Leben, wo ich so unendlich tiefe Dankbarkeit empfinde – für das Leben. Im selben Moment muss ich unweigerlich an Mutter denken und mich überkommt die Trauer über ihren Verlust. Dann schäme ich mich für meine Tränen, weil ich doch dankbar sein müsste. Gleichzeitig wage ich nicht, mein Glück zu genießen, wo doch der Tod immer gegenwärtig ist.«

»Beides ist wichtig, das Leben und der Tod. Das eine gibt es nicht ohne das andere. Es hat alles einen Anfang und ein Ende. So ist es und daran wird sich nie etwas ändern. All deine Gedanken, die du dir über den Tod machst, sind verlorene Zeit. Dein Ziel sollte es sein, das Leben mit Sinn zu füllen. Die Zeit, die du hast, auszukosten und lebenswert zu machen.«

»Leben, als gäbe es kein Morgen«, murmelte Marie ergriffen und wiegte Rose langsam von rechts nach links.

Lange saßen sie nun da und schwiegen. Jede für sich und doch gemeinsam. Marie hatte sich die letzten Tage oft Gedanken darüber gemacht, was sie ihrer Tochter einmal hinterlassen wollte, wenn ihre Zeit gekommen war. Auch wenn ihnen, wenn Gott es will, noch viele glückliche Jahre blieben, wollte Marie nicht unvorbereitet sein, wenn dieser Moment eines Tages kam. Nachdem sie die Worte ihrer Nachbarin auf sich wirken ließ, hatte sie mit einem Mal das Bedürfnis, noch einmal die Gegenstände in der Kiste zu betrachten.

»Würdest du bitte Rose für einen Moment halten?«, bat sie Marguerite.

Erfreut streckte diese ihr die Hände entgegen. »Aber natürlich. Was hast du vor?«

»Ich möchte für einen Moment allein sein. «

Vorsichtig legte sie Rose in ihren Arm.

»Geht es dir gut«, vergewisserte sich ihre Freundin.

»Ja, wirklich! Ich muss nur etwas erledigen.«

Marie ging die Treppe hinauf und öffnete die Tür zum Dachboden. Es knarrte, als sie auf die alten Bretter trat. Wie jedes Mal, hatte sie Angst, sie könnten durchbrechen, deshalb ging sie langsam und vorsichtig die wenigen Schritte bis zu der Kommode, in der sie die Schachtel verstaute. Marie nahm sie heraus, öffnete sie und legte sie auf ihren Schoß. Dann nahm sie mit beiden Händen einen Gegenstand nach dem anderen heraus und drückte jeden an sich. Noch einmal roch sie am Parfüm, noch ein einziges Mal sog sie den Duft des Verlangens in sich auf. Sie bereute das Erlebte keine Sekunde. Marie war ihrer Mutter und ihrer Großmutter sogar dankbar dafür, dass sie ihr diese Erfahrungen ermöglichten. Die Treffen lehrten sie, selbstsicher zu werden, offen gegenüber Neuem zu sein und auf andere einzugehen. Marie vermisste ihren Job nicht, denn nun hatte sie Sébastien. Doch sie war überzeugt davon, dass sie erst dadurch, nachdem sie viele Männer glücklich gemacht hatte, nun dafür bereit war, nur noch diesen einen Mann zu lieben. Noch einmal roch sie am Parfüm, dann legte sie es endgültig zurück. »Diese Dinge haben mir beigebracht, was Lust bedeutet. Ich musste erst andere begehren und habe erst viel später begriffen, dass die einzige Person, die ich immer begehren wollte, ich selbst war. Jetzt, wo ich mit mir im Reinen bin, will ich nur noch eines: Rose aufwachsen sehen und mit Sebastièn alt werden.«

Sie griff nach dem Brief, den Elaine bereits an Josèphe schrieb und den ihre Mutter für sie aufbewahrte. Marie nahm den Stift, der sich in dem Notizbuch befand, und wendete das Blatt. Dann schrieb sie auf die Rückseite:

Meine liebe Rose,

ich wünsche dir die Kraft und den Mut, das Leben, das ich dir geschenkt habe, zu leben. Suche nicht nach der Zeit, die man uns genommen hat, sondern nimm die Momente, die wir hatten, und halte sie im Herzen.

Lebe, Rose! Jeden Tag, jede Stunde, jede Sekunde und bereue nie das, was du getan hast, sondern erfreue dich an dem, was du erleben durftest.

In Liebe,

deine Mama

Den zusammengefalteten Brief legte Marie ebenfalls in die Schachtel und verstaute sie anschließend wieder in der Kommode. Dann stieg sie vorsichtig die Stufen hinunter und verließ das Haus.

Als sie die Tür hinter sich schloss, hielt sie für einen Moment inne und betrachtete Marguerite, wie sie ihre Tochter in den Schlaf wiegte. Ihr wurde schwer ums Herz und sie griff sich an die Brust.

»Wenn nun der Moment gekommen ist, dann soll es so sein. Dann bin ich bereit dafür.«

Mit einer Hand griff sie nach dem Geländer und ging hinab in den Garten. Aber genauso plötzlich, wie der Schmerz gekommen war, verschwand er wieder.

»Ich bin dankbar für jeden einzelnen Tag.“

   Dann schlich sie sich an Marguerite heran und legte von hinten ihre Arme um sie.

Marguerite war gerade dabei, Rose etwas ins Ohr zu flüstern. Als sie Marie bemerkte, brach sie schnell ab.

»Was hast du denn meiner kleinen Tochter da gerade ins Ohr geflüstert? «

Marguerite sprach ebenfalls leise, um Rose nicht zu erschrecken:

»Das Geheimnis der Rose.«

ENDE

Danksagung

Ich danke meiner Familie, die mich vor allem in den letzten Wochen, bevor ich meinen ersten Roman veröffentlicht habe, so oft entbehren musste, körperlich sowie geistig. Besonders meinem Mann, dass er über so manche Unordnung hinweg gesehen hat und sich immer bereitwillig als Zuhörer zur Verfügung gestellt hat.

Mein großer Dank richtet sich auch an zwei Frauen, die mir mit ihrem „grammatikalischen" Rat immer Rede und Antwort standen. Der lieben Elsa Rieger aus Wien danke ich dafür, dass sie, nachdem sie bereits meine Bücher „Geschichten zum nachDENKEN" lektoriert hat, mich auch dieses Mal unterstützt hat. Vor allem aber danke ich meiner „Fast"- Nachbarin Martina Weiss, welche auch anderweitig Bücher und Zeitschriften lektoriert. Ohne sie wäre es nicht möglich gewesen, dieses Buch innerhalb weniger Monate zu Ende zu bringen. Sie hat sozusagen für den nötigen Druck gesorgt, den ich besonders bei den letzten Seiten immer brauche. Sie hat viel Zeit und Mühe investiert, um aus dem Rohzustand nun das Buch zu zaubern, das ihr nun in euren Händen halten könnt.

Danke auch an Maria Eidenschink, dass sie sich bereit erklärt hat, das Gedicht ins Französische zu übersetzen. Und vielen Dank an meine drei Testleserinnen, das sie sich die Zeit genommen haben, meinen ersten Roman vorab zu lesen.

Und ein ganz liebes Dankeschön geht an die wunderbare Sina Beyer aus Föhr für die Gestaltung des Covers. Wir verstehen uns mittlerweile ohne große Worte und es macht einfach Spaß, mit ihr zusammenzuarbeiten.

Ich bin dankbar dafür, dass ich die Möglichkeit und die Zeit hatte, dieses Buch zu veröffentlichen. Ich danke deshalb allen, die mich immer unterstützen, die Werbung für meine Werke machen und die mir persönlich Mut zusprechen.

Vielen Dank dafür, dass ihr euch die Zeit nehmt, für ein paar Stunden in eine andere Welt abzutauchen.

Danke dafür, dass ihr meine Leser seid.

Über die Autorin:

Stephanie Hilger wurde 1986 im schönen Bayerischen Wald geboren. Hier lebt sie auch heute mit ihren zwei Kindern und ihrem Mann.

Seit sie denken kann, schreibt sie Gedichte und Kurzgeschichten. Nachdem sie bei einem Wettbewerb in das Werk der Frankfurter Bibliothek, mit den besten Gedichten 2013, aufgenommen wurde, reifte in ihr die Idee, ein Buch zu schreiben.

Ihr erstes Buch „7 Tage" schoss innerhalb einer Woche auf Platz 3 (der Kategorie Lebensführung, Platz 1.415 von insgesamt 1,5 Mil. Bücher in Amazon). Mit ihrem zweiten Buch „2 Herzen" knüpfte sie an die Erfolge des ersten Buches an.

„Das Geheimnis der Rose" ist ihr erster Roman in Taschenbuchformat.

Mehr über die Autorin:

www.stephanie-hilger.com
und auf facebook.com

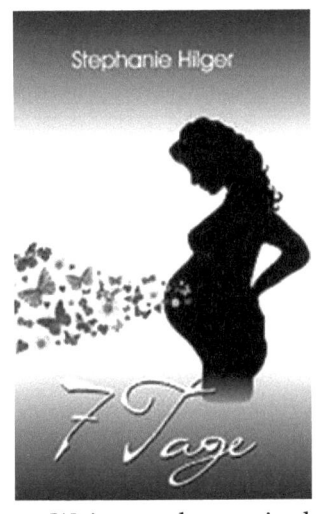

Das Buch erzählt die Geschichte einer jungen Mutter. Jessica ist gerade einmal dreißig und bereits dreifache Mutter.

Sie hat für ihre Kinder alles zurückgestellt, inklusive sich selber. Lange unterdrückt sie ihre Unzufriedenheit, bis plötzlich alles aus ihr herausbricht und sie sich selber ein Ultimatum stellt.

Weitermachen wie bisher, oder endlich etwas ändern. Voller Zuversicht entscheidet sie sich für Zweites und begibt sich auf eine Reise.

Doch diese Reise wird für Jessica zur emotionalen Zerreißprobe. Sie trifft auf eine geheimnisvolle Frau und auf eine Geschichte, die sie nicht mehr loslässt. Und mit einem Mal verändert sich ihr ganzes Leben.

Leserstimmen: „Ein Buch, das zu Tränen rührt", „Die Autorin spricht mir aus der Seele", „Gänsehaut ab der ersten Seite", „Das emotionalste Buch seit langem", „Eine Geschichte wahrlich zum nachDENKEN" und viele mehr.

In diesem Buch geht es um den Weg, den jeder von uns gehen muss.

Leseprobe

An einem verregneten Sommertag …

Wieso hörte das nicht auf? Nur eine Minute, einfach nur einen kleinen Moment Ruhe. Ich war am Ende meiner Kräfte. Zusammengekauert hockte ich vor der Waschmaschine, die ich nur schnell einschalten wollte. Doch nicht einmal das war mehr möglich. Dabei dauert es doch nur wenige Sekunden, um die Treppe in den Keller runterzugehen, hinein in den Waschraum.

Ein paar Sekunden, etwas ganz Alltägliches. Etwas, wo man meinen müsste, dass es in völliger Ruhe und Stille möglich war, nachdem ich vorher eine geschlagene halbe Stunde dafür gesorgt hatte, dass drei Kinder einer Beschäftigung nachgehen. Räumlich getrennt voneinander, damit sie sich nicht in die Quere kommen konnten.

Im perfekten Moment schlich ich mich dann davon. Kaum war ich an der Kellertreppe angelangt und wollte gerade den Fuß auf die erste Stufe setzen, ließ mich ein herzzerreißendes „Maaaaama, Chris hat meinen Turm kaputt gemacht", zusammenzucken. Es folgte ein Knall, der sich wie eine Ohrfeige anhörte, darauf lautes Gebrüll und Geheule.

Jetzt gab es zwei Optionen für mich. Zurücklaufen und schlichten, so wie ich es gefühlte hundert Mal am Tag tat, oder die Angelegenheit ignorieren, in der Hoffnung, dass dies keine Kratzer, Bisse oder sogar Platzwunden zur Folge hatte.

Das Risiko war es mir dieses Mal wert. Und da saß ich nun, die Hände an die Ohren gepresst, das Kinn auf den angewinkelten Beinen und ich fühlte nichts. Keine Unzufriedenheit, keine Angst, keine Wut, einfach nur Leere.

Genau diese Leere bereitete mir seit Tagen schlaflose Nächte. Ich müsste eigentlich glücklich sein. Hatte ich doch drei wundervolle Kinder, einen erfolgreichen Mann und das Leben, das ich mir immer gewünscht hatte.

Vor etwa fünf Jahren sehnte ich mich danach, Hausfrau und Mutter zu sein, eine Schar Kinder um mich zu haben. Meine Arbeit als Grafikerin hatte mich nie erfüllt, aber als ich damals die Ausbildung anfing, war von Anfang an klar, dass ich in Papas Fußstapfen treten würde. Er selbst führte seit Jahren mehr oder weniger erfolgreich eine kleine Werbeagentur. Am Anfang machte mir die Arbeit auch wirklich Spaß, doch immer öfter schweiften meine Gedanken ab, verhingen sich im Irgendwo. Darüber vergaß ich oft die eigentlichen Aufgaben.

So richtig klar war mir zu dem Zeitpunkt nicht, was ich vom Leben erwartete. Ich spürte jedoch, in mir schlummerte etwas, das endlich raus wollte.

Als ich dann Marc kennenlernte, glaubte ich zu wissen, was es war: Die Sehnsucht nach einer eigenen Familie. Endlich ein Kind in den Armen zu halten, wurde zu meinem größten Wunsch. Dann ging alles ganz schnell. Marc war einige Jahre älter als ich und stand bereits mit beiden Beinen fest im Leben.

Er hatte in den letzten Jahren eine beachtliche Karriere als Bankmanager hingelegt und die Vorstellung, ein Leben an der Seite dieses Mannes zu führen, gefiel mir. Als dann Antonia das Licht der Welt erblickte, fühlte ich mich auch wirklich eine Zeit lang glücklicher, zufriedener und reicher. Reicher an Erfahrungen, an Liebe und reicher an schlaflosen Nächten.

Die kleine Antonia war ein braves Kind, an dem wir uns jeden Tag erfreuten. So war die logische Konsequenz, dass bald Kind Nummer zwei folgte. Marc war mit seinem Stammhalter überglücklich. Aber Tim war ein Schreikind, das mich in den ersten sechs Monaten um gefühlte fünf Jahre altern ließ. Ich wurde zu einem Nervenbündel. Die einfachsten Dinge im Haushalt kosteten mich enorm viel Überwindung. Auch Marc war in dieser Zeit häufig gereizt, wenn er spätabends von der Arbeit heimkam und ein unordentliches Haus und eine in Tränen aufgelöste Frau – mich – vorfand.

Es dauerte ein weiteres Jahr, bis ich mich einigermaßen davon erholt hatte. Denn es wurde nicht leichter. Zwei Kleinkinder im Auge zu behalten und nebenbei einen Haushalt einigermaßen zu führen, grenzte oft an ein Organisationswunder.

Aber Organisieren hatte ich in meinem Beruf gelernt, und so klappte es allmählich recht gut.

Bis zu dem Morgen, als mir schrecklich übel wurde. Schon nach wenigen Tagen war klar, dass das nur einen Grund haben konnte. Nur zu gut kannte ich diese Symptome. Doch dieses Mal war etwas anders. Das Hochgefühl, das ich bei den anderen beiden Schwangerschaften hatte, wollte sich einfach nicht einstellen. So sehr ich mich auch bemühte, dieser dritten Schwangerschaft etwas Positives abzugewinnen. Wie sollte ich das noch einmal durchstehen, war meine Hauptsorge.
Ich zögerte den Besuch beim Arzt Wochen hinaus. Und als ich mich dann durchgerungen hatte und das schlagende Herz sah, war ich dann doch wieder einfach nur überwältigt.
Marc war am Anfang regelrecht geschockt, doch das stand ihm auch zu. Schließlich brauchte auch ich Wochen, um mich an den Gedanken zu gewöhnen, in naher Zukunft zu fünft zu sein. Und im Sommer letzten Jahres wurde dann Chris geboren. Es folgte ein Jahr voller Entbehrungen und Anstrengungen. Aber auch ein Jahr voller Liebe, Kinderlachen und vieler schöner Augenblicke. Ich wollte keines der Kinder mehr missen. Sie sind ein Teil von mir, ohne den ich nicht mehr lebensfähig wäre. Jeder Tag kostete zwar eine Unmenge an Nerven, aber meistens reichte ein feuchter Schmatzer am Abend aus, um alles vergessen zu machen.

Und dennoch vermisste ich in all der Zeit eines: Das Gefühl, angekommen zu sein, zu wissen, wo mein Platz in dieser Welt war. Reichte es wirklich aus, der Nachwelt ein paar eigene Kinder zu überlassen? Kinder, die irgendwann ihr eigenes Leben führen würden? Ein Leben, in dem ich an den Rand ihres Universums rücken würde, auch wenn ihre Liebe zu mir immer einen Platz in ihren Herzen behielte. Vielleicht war es noch zu früh, sich darüber Gedanken zu machen. Aber über mich musste ich dringend nachdenken. Das wusste ich.

Kinder, eine Familie, das war, was ich vom Leben erhofft hatte. Und nun reichte es mir nicht mal ansatzweise. Dieses Gefühl, das ich nur zu gut aus jungen Jahren kannte, schlich sich immer öfter ein und bettelte regelrecht, erhört zu werden. Doch was wollte es mir sagen?

Das Schreien der Kinder riss mich aus meinen Gedanken. Ich rappelte mich endlich hoch und lief die Treppe nach oben, um Schlimmeres zu verhindern. Und siehe da, die Lage schien doch einigermaßen unter Kontrolle zu sein.

Ich beschloss, mich nicht weiter einzumischen, und goss mir einen Kaffee ein. Die aktuelle Zeitung hatte ich in der Früh achtlos beiseitegelegt. Bevor die Kinder im Bett waren, konnte ich meistens eh keinen Blick darauf werfen. Während ich den Kaffee trank, überflog ich kurz die letzte Seite. Das war so eine Angewohnheit, Zeitungen von hinten nach vorn zu lesen. Mein Blick fiel auf die

Anzeige eines kleinen Berggasthofs, mitten im Bayerischen Wald. Die Anzeige versprach eine Auszeit vom Alltagsstress. Ruhe für die Seele und für den Körper.

Den restlichen Tag über ertappte ich mich dabei, wie ich immer wieder an diese Annonce dachte. Wie schön wäre es, einmal zu verreisen. Ganz ohne Familie. Ganz ohne die Menschen, von denen ich immer dachte, dass sie mich ausmachten.

Als dann abends endlich sechs Kinderaugen zugefallen waren und ich mich erschöpft auf den Sessel im Wohnzimmer fallen ließ, stand mein Entschluss fest: Ich würde verreisen.

Morgen früh würde ich gleich dort anrufen und ein Zimmer reservieren. Vielleicht half diese Reise, zu mir selbst zu finden. Wenn das nicht in den geplanten 7 Tagen möglich wäre, wann dann?

Rebecca wuchs behütet bei ihren Eltern auf, die ihr ermöglichten ein völlig normales und weitgehend glückliches Leben zu führen.

Mit dem plötzlichen Umzug steht allerdings auch für Rebecca ein neuer Abschnitt an, auf den sie nicht vorbereitet war. Sie trifft auf einen Jungen, der es schafft, Ihr Leben in einer einzigen Minute auf den Kopf zu stellen.

Und obwohl alles dagegen spricht, fängt Rebecca an zu kämpfen.

Die erste große Liebe vergisst man nie. Sie brennt sich in das Herz und begleitet einen ein Leben lang. Narben, die durch den Kummer über das Ende dieser Liebe entstehen, verblassen mit den Jahren, werden aber nie ganz verheilen.

Dieses unbeschreibliche Gefühl, miteinander zu teilen, verbindet und schweißt zusammen, auch wenn man irgendwann getrennte Wege geht. Doch was passiert, wenn man nicht die Kraft hat, loszulassen?

Leseprobe:

Flughafen München

Unsicher blickte ich mich um, stellte aber zu meiner Erleichterung fest, dass sich manche Dinge nie ändern. Der Flughafen sah genauso aus, wie ich ihn in Erinnerung hatte.

Wenn auch meine körperliche Fitness mittlerweile etwas eingeschränkt war, mein Geist funktionierte zum Glück tadellos. Da stand ich also. Ich trat von einem Bein auf das andere, um nach der langen Fahrt die Steifheit in meinen Gliedern zu lösen. Mit meinen fünfundfünfzig Jahren ging manches nicht mehr so einfach, wie zu der Zeit, als ich ein junges Ding war.

Zwar hatte ich ewig Zeit gehabt, mich mit dem Gedanken abzufinden, älter zu werden. Denn es ist zum Glück nicht so, dass man eines Morgens aufwacht und um zwanzig Jahre gealtert ist. Das machte es jedoch nicht unbedingt einfacher. Deshalb ärgerte ich mich manchmal, weil mein Körper mit meinem Geist nicht mehr mithalten konnte.

Ich streckte mich in der Hoffnung, dass ich dadurch fitter werden würde und mir entfuhr ein lautes Gähnen. Peinlich berührt schaute ich um mich, stellte aber zu meiner Erleichterung fest, dass mich niemand gehört hatte. Ich fragte mich immer wieder, was ich hier überhaupt suchte. Ungläubig schaute ich auf meine zwei Koffer neben mir. Während ich ganz in Gedanken meinen Zweifeln über das Älterwerden nachhing, setzte sich die Schlange am Schalter in Bewegung. Ich würde die Nächste sein. Mit schweißnassen Händen umklammerte ich mein Flugticket, während ich hoffte, dass er gekommen war. Doch wie es aussah, wurde ich wieder einmal enttäuscht.

Ich dachte zurück an den Tag, an dem alles begonnen hatte. Dieser Tag war nun genau vierzig Jahre her, aber es fühlte sich an, als wäre es erst gestern gewesen.

An einem schwülen Sommertag

im Jahr 1973

Seit unserem Umzug waren genau zwei Wochen vergangen. So ein Tapetenwechsel schlägt einem aufs Gemüt, erst recht, wenn man gerade erst sechzehn geworden ist und lieber mit Freunden abhängen würde, anstatt an einem völlig fremden Ort von vorne beginnen zu müssen.

Ich war von Anfang an gegen diese Schnapsidee gewesen, aber meine Eltern waren nicht umzustimmen. Wenn man in einer Stadt wie München aufgewachsen ist, gewöhnt man sich zwangsläufig an den Lärm und die Massen an Menschen, auf die man überall trifft. Die Stille an diesem Ort, der nun meine Heimat werden sollte, kam mir dagegen beängstigend vor.

Seit dem Tag unserer Ankunft war ich damit beschäftigt, den Inhalt der Umzugskartons auszupacken, um mit den mir vertrauten Gegenständen wenigstens ein bisschen Geborgenheit in meinem kleinen Reich zu schaffen. Meine Eltern taten es mir gleich und so hielten sich die üblichen Streitereien in Grenzen.

Außerdem wusste ich, dass es sinnlos war, wieder eine Diskussion zu beginnen. Sie würde wie fast jedes Mal zu keinem Ergebnis führen, weil wir verschiedener Ansichten waren.

Als mir meine Eltern verkündeten, dass wir innerhalb kürzester Zeit an einen anderen Ort ziehen werden, bin ich, sprichwörtlich aus allen Wolken gefallen. Auch für die Argumente meines Vaters, dass es beruflich nicht anders möglich sei, hatte ich kein Verständnis. In der Stadt hatte er einen guten Posten als Polizist. Soweit ich das mitbekam, sogar in einer gehobenen Position. In dem Dorf, das sich unweit von unserer neuen Heimat befand, musste er noch einmal ganz von unten anfangen.

Das machte für mich alles keinen Sinn. Schon alleine deswegen wäre es besser gewesen, in München zu bleiben. Außerdem fing ich gerade an, mich für Jungs zu interessieren, ging seit dem letzten Schuljahr auf ein Internat, in das ich mich mittlerweile gut eingelebt und viele Freunde gefunden hatte. Und jetzt musste ich all das eintauschen für ein Leben auf dem Land!

In dem alten Bauernhaus, das meine Eltern gekauft hatten, gab es nicht einmal ein Telefon. Ein Zustand, der mir bis dato völlig fremd war.

Sogar rein äußerlich unterschieden sich die Stadtmenschen von den Landmenschen. Als ich den Koffer mit den Klamotten auspackte, musste ich an das Mädchen denken, das mir wenige Tage nach der Ankunft über den Weg gelaufen war. Die könnte sich von meinem Geschmack einiges abschauen, schmunzelte ich selbstsicher. Überhaupt würde ich es denen zeigen. Für mein Alter war ich recht selbstbewusst und offen gegenüber neuem. Mir machte man nicht so leicht etwas vor. Der Gedanke daran, dass ich bestimmt bald Freundschaften schließen würde, beruhigte mich halbwegs.

Ich ließ mich ins Bett fallen, schloss die Augen und dachte an mein altes Leben. Wie rasch sich alles verändern konnte.

Vorschau

Ich habe die Erfahrung gemacht, dass man nicht vorausschauen kann.

Liebe Grüße, die Autorin

Stephanie Hilger